CUBE
BOOK

CUBE BOOK

CHEVAUX

EDITIONS WHITE STAR

PROJET ET RÉALISATION ÉDITORIALE

VALERIA MANFERTO DE FABIANIS

textes de

GABRIELE BOISELLE

HENRY DALLAL

ATTILA KORBELY

PAOLO MANILI

SENIO SENSI

MEDFORD TAYLOR

projet graphique

CLARA ZANOTTI

réalisation graphique

MARIA CUCCHI

coordination éditoriale

GIADA FRANCIA

ENRICO LAVAGNO

ALBERTO BERTOLAZZI

adaptation française de

CATHERINE BODIN-GODI

© 2005, 2011 WHITE STAR S.R.L.
VIA M. GERMANO, 10
13100 VERCELLI - ITALIE
WWW.WHITESTAR.IT

Édition réadaptée

ISBN 978-88-6112-369-4
Dépôt légal : Septembre 2011
1 2 3 4 5 6   15 14 13 12 11

Imprimé en Chine

SOMMAIRE

CHEVAUX

1 • Grande-Bretagne. Le profil concave typique du cheval arabe.

2-3 • États-Unis. Un troupeau de chevaux dans le Sud-Ouest.

4-5 • Italie. Dans l'effort de la course au Palio de Sienne.

7 • États-Unis. Un cœur blanc se détache sur le front d'un cheval bai.

9 • Pays-Bas. L'opulente crinière ondulée d'un Frison.

110-11 • États-Unis. Un Appaloosa à robe « léopard ».

12-13 • Argentine. *Gaucho et chevaux Criollos* dans la pampa.

Introduction

Paolo Manili

SANS LA PLUS NOBLE CONQUÊTE DE L'HOMME, LA CIVILISATION AURAIT CONNU UNE ÉVOLUTION BIEN DIFFÉRENTE, TANT LE CHEVAL A INFLUENCÉ LE DESTIN DE L'HUMANITÉ. À L'AUBE DE L'HISTOIRE, IL CESSA D'ÊTRE UNE PROIE CONVOITÉE POUR DEVENIR UN FIDÈLE ET FIER COMPAGNON. MOYEN DE TRANSPORT, INSTRUMENT DE TRAVAIL, MACHINE DE GUERRE, LE CHEVAL SE DONNA SANS AUCUN MÉNAGEMENT. SUSCITANT PASSIONS ET AMBITIONS, IL FUT À L'ORIGINE DE GRANDIOSES ÉPOPÉES. LES MIGRATIONS, LES CONQUÊTES, NE FURENT POSSIBLES QUE GRÂCE À LUI. IL SE TROUVA À LA CROISÉE DE TOUTES LES AVENTURES HUMAINES. IL NOURRIT EN MÊME TEMPS L'INSPIRATION DES PEINTRES ET DES SCULPTEURS,

● Islande. La crinière ondulée encadre l'œil doux d'un poney islandais, une monture docile, affectueuse et fiable.

Introduction

DES POÈTES ET DES MUSICIENS. SA REPRÉSENTATION ARTISTIQUE FUT, À TRAVERS L'HISTOIRE, LE REFLET DE CHAQUE CIVILISATION ET DE CHAQUE CULTURE. LE MYTHE DU CENTAURE PERMIT À L'HOMME NE PLUS FAIRE QU'UN AVEC LE CHEVAL. DOTÉ D'AILES, IL DEVINT LE FABULEUX HIPPOGRIFFE. EN RÉALITÉ, IL SUT S'ADAPTER À TOUS LES CLIMATS ET TOUS LES MILIEUX, EN S'ENRACINANT TOUJOURS PLUS DANS LES US ET COUTUMES DES PEUPLES. AUJOURD'HUI ENCORE, DANS LE MONDE ENTIER, LE CHEVAL CONTINUE D'EXERCER DE MULTIPLES INFLUENCES SUR NOTRE MODE DE VIE, NOTRE FAÇON DE PARLER, DE PENSER, DE RÊVER ET DE NOUS VÊTIR, VESTIGE D'UNE ÉPOQUE OÙ L'HOMME ET LE CHEVAL ÉTAIENT INSÉPARABLES. INTERDÉPENDANTS, LE PREMIER PLIA À SES

Introduction

BESOINS LA NATURE DE CE COMPAGNON EN CRÉANT DES RACES DIVERSES, CHACUNE ADAPTÉE À UN EMPLOI PRÉCIS (RACES DE TRAIT, DE SOMME, DE SELLE OU DE COURSE COMME LE PUR-SANG), TANDIS QUE LE SECOND INFLUENÇA LE *MODUS VIVENDI* DE SON AMI ET MAÎTRE. PLUS RÉCEMMENT, LES MACHINES L'ONT LARGEMENT SUPPLANTÉ DANS SES EMPLOIS UTILITAIRES, MAIS LE CHEVAL, APRÈS UN DÉCLIN VERTIGINEUX, A ÉTÉ REMIS À L'HONNEUR. CE RETOUR EN FORCE, CONSÉQUENCE DE LA PRISE DE CONSCIENCE DE L'IMPORTANCE DE L'ENVIRONNEMENT ET DU MONDE ANIMAL, LUI A PERMIS DE SE RÉAFFIRMER COMME UN PARTENAIRE DE SPORT ET DE LOISIRS. ET C'EST AINSI QUE, ENCORE ET TOUJOURS, IL TRIOMPHE SUR LES HIPPODROMES, IL PARTICIPE AUX

Introduction

JEUX OLYMPIQUES, IL REPEUPLE LES FERMES ET LES CAMPAGNES. IL EMMÈNE EN RANDONNÉE LES PASSIONNÉS POUR DÉCOUVRIR LA NATURE ET JOUIR DE SES BEAUTÉS. UN PROVERBE ANGLAIS DIT QUE : «... L'HUMANITÉ SE DIVISE EN DEUX : LES AMOUREUX DU CHEVAL D'UN CÔTÉ ET LES NÉVROSÉS DE L'AUTRE » RÉSUMANT EN UN TRAIT D'ESPRIT L'ESSENCE DU RAPPORT ACTUEL ENTRE L'HOMME ET SA MONTURE. À TRAVERS DE SUPERBES PHOTOGRAPHIES, CET OUVRAGE ILLUSTRE LES TROIS MILLE ANS DE PRÉSENCE DU CHEVAL SUR NOTRE PLANÈTE, JUSTE CONTRIBUTION AU COMPAGNON DE NOTRE HISTOIRE.

19 • France. Une encolure puissante et arquée confère noble allure aux chevaux arabes.

20-21 • Grande-Bretagne. Un régiment de cuirassiers défile dans une rue de Londres.

22-23 • Barbade. Un pur-sang s'apprête à franchir la ligne d'arrivée d'une course de galop.

RACES ET PORTRAITS

GABRIELE BOISELLE

• France. Un magnifique spécimen d'Arabe saure.

INTRODUCTION Races et portraits

CERTAINS CHEVAUX DE RACE ONT LE POUVOIR DE VOUS RAVIR LE CŒUR. CECI VAUT SURTOUT POUR LES ARABES, QUI SONT FASCINANTS, BEAUX, INTELLIGENTS ET GAIS. ILS AIMENT LE CONTACT AVEC L'HOMME ET SONT CURIEUX DE TOUT. GÉNÉREUX ET POSSESSIFS, ILS SE DONNENT TOUT ENTIER À LEUR MAÎTRE. ET PUIS VIENNENT LES FRISONS, DOUX ET RESPECTUEUX. QUAND ILS S'ÉBATTENT LIBREMENT, ILS DONNENT L'IMPRESSION DE VOLER, LIBÉRÉS DE L'ATTRACTION TERRESTRE, AVEC LEUR CRINIÈRE AU VENT, LEURS FANONS FAITS DE TOUFFES DE POILS AU BAS DES MEMBRES ET LEURS QUEUES FAITES, DIRAIT-ON, DE CHEVEUX DE JAIS ONDULÉS.

• Portugal. Un Lusitanien blanc joue dans les vagues de la Méditerranée.

INTRODUCTION Races et portraits

CES CHEVAUX FURENT SÉLECTIONNÉS POUR TIRER, AUX BATTUES ALLONGÉES DE LEUR TROT, LES PETITES VOITURES TYPIQUES DE LA FRISE, LES « SULKYS », MAIS CE SONT AUSSI DE TRÈS BONS CHEVAUX DE DRESSAGE ET ILS FONT MERVEILLE SUR UNE PISTE DE CIRQUE ; IL N'EXISTE PLUS DE SPECTACLE ÉQUESTRE DONT ILS NE FASSENT PAS PARTIE. IL EN VA DE MÊME POUR LEURS PROCHES PARENTS, LES ANDALOUS, GÉNÉRALEMENT GRIS, À LA LONGUE CRINIÈRE FLOTTANTE, ET QUE L'ON PEUT ADMIRER DANS LES COMPÉTITIONS DE DRESSAGE DE HAUT NIVEAU. À L'ORIGINE, IL Y A PLUSIEURS SIÈCLES, LES ANDALOUS FURENT SÉLECTIONNÉS POUR EFFECTUER LA *CABRIOLE* ET LA *PESADE*, DES FIGURES UTILISÉES PENDANT LES COMBATS. PAR

INTRODUCTION Races et portraits

LA SUITE, L'ÉQUITATION DEVINT UN ART, AU POINT QUE CES AIRS SONT AUJOURD'HUI ENCORE EXÉCUTÉS PAR LES CHEVAUX LIPIZZANS DE L'ÉCOLE ESPAGNOLE DE VIENNE. OUTRE LES NOMBREUX CHEVAUX DE SELLE DE TOUTE L'EUROPE, ISSUS DES ÉLEVAGES CRÉÉS POUR SATISFAIRE AUX EXIGENCES DES ARMÉES EN TEMPS DE GUERRE, FIABLES, FACILES À MONTER, RAPIDES ET CAPABLES DE SAUTER N'IMPORTE QUEL OBSTACLE, IL EXISTE DES CHEVAUX DE TRAVAIL : DES ANIMAUX ROBUSTES, CAPABLES DE TIRER LES CHARIOTS, DE TRANSPORTER DES MARCHANDISES ET DE LABOURER LES CHAMPS. LA SURVIE DANS LES CAMPAGNES A LONGTEMPS REPOSÉ SUR LEURS ÉPAULES INFATIGABLES. DES MILLIONS D'ENTRE EUX JOUÈRENT UN

RÔLE FONDAMENTAL DANS LES RÉCOLTES, GARANTISSANT SANTÉ ET PROSPÉRITÉ. PLUS TARD, AVEC LES INNOVATIONS MÉCANIQUES ET INDUSTRIELLES, LA MAJEURE PARTIE D'ENTRE EUX FUT ENVOYÉE À L'ABATTOIR. IL Y A UNE DIZAINE D'ANNÉES, LE BESOIN S'EST FAIT RESSENTIR DE PRÉSERVER LES RACES NÉES DE CET ÉLEVAGE ANCESTRAL. SI BIEN QU'AUJOURD'HUI, EN EUROPE ET EN AMÉRIQUE, LE CHEVAL DE TRAIT EST EN TRAIN DE RECOUVRER SES LETTRES DE NOBLESSE. ET L'ON ENTEND À NOUVEAU PARLER D'ARDENNAIS, DE PERCHERON, DE NORIQUE, DE BRETON, DE COB NORMAND, DE SHIRE, DE CLYDESDALE, ETC. BIEN SOUVENT, LES CAVALIERS SOUS-ESTIMENT LA VALEUR DES PONEYS D'ÉLEVAGE. ILS SONT CONSIDÉRÉS À TORT COM-

ME DES « CHEVAUX POUR ENFANTS » ET NE SONT PAS PRIS AU SÉRIEUX. POURTANT, LE PRIX DE CERTAINS SUJETS DE COMPÉTITION EST SOUVENT TROIS FOIS SUPÉRIEUR À CELUI D'UN EXCELLENT CHEVAL DE CONCOURS. EN RÉALITÉ, LES PONEYS EFFECTUAIENT LES MÊMES TRAVAUX DES CHAMPS, EN TRAÎNANT DES POIDS COMME LES CHEVAUX DE TRAIT. AINSI, LE FJORD, UN PONEY NORVÉGIEN, DEVAIT TRAVAILLER SUR LES VERSANTS TRÈS RAIDES DES FJORDS, LÀ OÙ AUCUN AUTRE CHEVAL N'Y SERAIT PARVENU. LES CONNEMARAS D'IRLANDE ÉTAIENT AUTREFOIS DES ANIMAUX DE LABEUR, ET PENDANT LES WEEK-ENDS, LES PAYSANS LES FAISAIENT S'AFFRONTER ENTRE EUX DANS DES COMPÉTITIONS. AUJOURD'HUI, LES

Races et portraits

Introduction

CONNEMARAS SE RÉVÈLENT D'EXCELLENTS PONEYS D'OBSTACLES DANS LES CONCOURS INTERNATIONAUX. CHAQUE NATION, AU FIL DES SIÈCLES, A ÉLEVÉ LES CHEVAUX DONT ELLE AVAIT BESOIN. TOUTES LES RACES, FRUIT D'UNE MINUTIEUSE SÉLECTION, ÉTAIENT ENSUITE AMÉLIORÉES PAR LE BIAIS DES PUR-SANG ARABES ET ANGLAIS. À PRÉSENT, IL EST POSSIBLE DE PRODUIRE DES RACES DE CHEVAUX BIEN SPÉCIFIQUES, ADAPTÉES AUX BESOINS DE L'ÉQUITATION SPORTIVE OU DE LOISIRS, SELON LA MONTE ANGLAISE OU WESTERN. MAIS LA VÉRITABLE RAISON QUI FAIT QUE L'ON CONTINUE D'ÉLEVER DES CHEVAUX EST L'AMOUR QUE L'ON ÉPROUVE POUR EUX.

• Islande. Rustique et robuste, le poney islandais est caractérisé par une épaisse crinière.

34 • Pays-Bas. Le Frison est doté de membres assez courts, pourvus de fanons.

35 • Un Frison noir s'amuse à s'éclabousser sous la pluie.

● Pays-Bas. Les Frisons doivent leur élégance particulière à leur crinière ondulée.

Pays-Bas.
Un Frison galopant
dans la campagne.

Portugal. Dociles et courageux, les Lusitaniens sont des chevaux rares : on estime qu'il n'en existe pas plus de 20 000 exemplaires à travers le monde.

Allemagne. La robe des chevaux de race arabe peut être de plusieurs couleurs. Ils arborent souvent des taches blanches, balzanes et listes, sur les membres et sur la tête.

44 • Allemagne. Excellents chevaux de selle, les Arabes ont un caractère très fougueux.

45 • Allemagne. Ce pur-sang arabe semble poser fièrement pour le photographe.

46-47 • Espagne. Traditionnellement utilisé pour les grands espaces, l'Arabe est né pour courir.

Islande. Le poney islandais adapté à la selle, au bât et au trait léger, n'a pas besoin d'être rentré à l'écurie pendant l'hiver.

50-51 • Islande. Apparu au début du XIXᵉ siècle, le poney islandais est le fruit de croisements de poneys introduits en Islande par les Norvégiens.

52-53 • Argentine. Cheval de selle, le Criollo dérive de croisements entre Arabes, Barbes et Andalous introduits en Amérique du Sud par les conquistadors.

54-55 • Argentine.
Le Criollo est le cheval typique des *gauchos* d'Amérique latine : robuste, rapide, il excelle dans le travail avec le bétail.

56-57 • Argentine.
La robe du Criollo est de toutes les variétés, mais elle est souvent marquée de blanc et porte une « raie de mulet » du garrot à la croupe.

Italie. Équilibré et résistant, bon sauteur, le cheval Maremmano est généralement bai.

• Irlande. Le Gipsy Vanner n'est pas une race à proprement parler, mais un type de cheval à l'aspect très varié.

Irlande. Originaire d'Irlande, le Gipsy Vanner, cheval de selle servant aussi dans l'armée, est utilisé actuellement dans le tourisme équestre.

Irlande. Le Gipsy Vanner est robuste et dynamique : sur ces photos, il révèle aussi une certaine élégance, accentuée par son abondante crinière, sa longue queue et ses fanons au bas des membres.

Irlande. Caractérisé par une robe noire, baie, grise ou saure, le Gipsy Vanner est particulièrement remarquable dans la variété pie.

68-69 • Autriche.
L'Haflinger est un cheval d'origine tyrolienne. Robuste et fort, il est parfaitement adapté au milieu alpin.

70-71 • Autriche. Pas très grand, l'Haflinger a un galop assez étriqué. Doté de membres courts et robustes, il est considéré comme un poney par les spécialistes.

72-73 • Autriche.
L'Haflinger est parfaitement à son aise sur les pentes montagneuses, même dans la neige fraîche.

74-75 • États-Unis. Le Pinto fut élevé par les Peaux-Rouges, qui préféraient les chevaux « colorés », considérés comme les meilleurs.

76 • États-Unis. La grâce et l'allure majestueuse, surtout au galop, sont les caractéristiques les plus appréciées des Pintos arabes.

77 • États-Unis. Cette pouliche de Pinto arabe exprime toute la grâce et l'élégance typiques de la race.

• États-Unis. Les Commanches sont à l'origine de la sélection du Pinto qui a donné le pie actuel.

“ UNE DESCENDANCE MULTIPLE ET NOBLE COMME CELLE DU CHEVAL NE POUVAIT PAS MANQUER DE VANTER SES PRÉCIEUX REJETONS, LES RACES CRÉÉES AVEC UNE PATIENCE MILLÉNAIRE PAR L'HOMME, AFIN D'OBTENIR L'ALLIANCE LA PLUS FORMIDABLE JAMAIS SCELLÉE DANS LA NATURE ENTRE DES ÊTRES AUSSI DIFFÉRENTS. ”

• États-Unis. Résistant et doté d'un aspect caractéristique, le Pinto est employé depuis toujours pour le travail avec le bétail et dans les rodéos.

Allemagne. Grâce à leur morphologie « carrée », les Tinkers irlandais sont de grands travailleurs, au caractère docile et sensible.

84 • États-Unis. L'Appaloosa est le cheval de « western » classique, adapté au galop, très rapide et résistant. La couleur de la robe de ce sujet est appelée « marble » (marbre).

85 • États-Unis. La robe tachetée adoucit le tempérament de l'Appaloosa, qui est un cheval robuste, doté d'une musculature vigoureuse et bien développée.

“ CHEZ LES CHEVAUX, LES INFINIES VARIÉTÉS DE COULEURS ET DE MOTIFS DE LA ROBE REFLÈTENT DES DIFFÉRENCES BIEN PLUS IMPORTANTES QUE LES AUTRES CRITÈRES ESTHÉTIQUES. EN EFFET, ELLES PERMETTENT NON SEULEMENT L'IDENTIFICATION D'UN CHEVAL, MAIS RÉVÈLENT AUSSI UNE PERSONNALITÉ DISTINCTE. QU'IL SOIT ARABE OU NORMAND, FRISON OU APPALOOSA, LE CHEVAL EST AVANT TOUT UN INDIVIDU, UNIQUE AU MILIEU DES AUTRES. ”

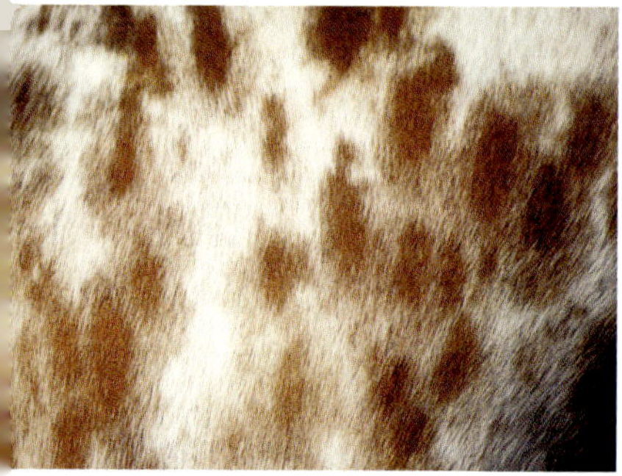

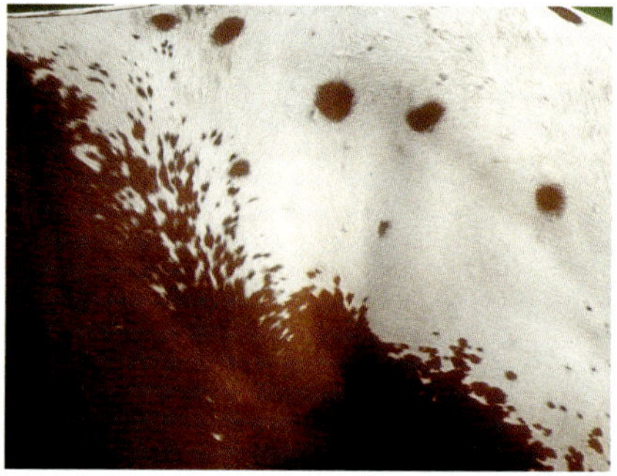

86 et 87 • États-Unis. La moucheture de la robe est une sorte de carte d'identité pour les Appaloosas, qui rend chaque sujet immédiatement reconnaissable.

88-89 • Grande-Bretagne. Les Shires sont caractérisés par leurs fanons, les longues touffes de poils qui revêtent le bas de leurs jambes et qui font leur orgueil.

90 • États-Unis. Le Morgan, arborant sur cette photo une robe Palomino, est un excellent trotteur.

91 • États-Unis. Cheval « de frontière » américain, comme l'Appaloosa, le Morgan est polyvalent : il s'adapte aussi bien à la selle, au trait, qu'aux concours et aux parades.

• Grande-Bretagne.
Deux Shires au galop,
brillants de sueur,
mettent en valeur
l'exceptionnelle
musculature propre
à la race.

États-Unis. Sensible à la lumière solaire, l'American White est vigoureux et adapté à divers usages. Musclé, doté d'un poitrail et de jambes robustes, il a gardé les caractéristiques de son ancêtre, l'Old King, qui vécut au début du XXe siècle.

96 • Grande-Bretagne. Le Thoroughbred, ou pur-sang anglais, est le galopeur par excellence, gracieux et agile.

97 • Grande-Bretagne. Un pur-sang anglais montre le profil épuré et élégant de sa tête.

CHEVAUX EN LIBERTÉ

ATTILA KORBELY

99 • Islande. Un groupe de poneys islandais traverse un torrent au galop.

103 • Namibie. Trois chevaux arabes jouent dans le désert du Namib.

INTRODUCTION Chevaux en liberté

DE MÉMOIRE D'HOMME, LES CHEVAUX ONT TOUJOURS PRÉSENTÉ UNE INCROYABLE VARIÉTÉ D'ASPECTS. IL SUFFIT DE PENSER AUX PONEYS DE RACE SHETLAND ET FJORD AVEC LEUR ALLURE DE PERSONNAGES SORTIS DE DESSINS ANIMÉS, AUX FRISONS, AVEC LEURS MAJESTUEUSES CRINIÈRES, AUX PUISSANTS CHEVAUX DE TRAIT, AUX GRACIEUX PUR-SANG, AUX MUSTANGS SAUVAGES... TOUTEFOIS, IL N'EN FUT PAS TOUJOURS AINSI. LE CHEVAL PRIMITIF, ORIGINAIRE DU TERRITOIRE QUI CORRESPOND AUJOURD'HUI À L'AMÉRIQUE DU NORD, TRAVERSA LE DÉTROIT DE BÉRING ET VINT PEUPLER L'EURASIE. L'HOMME COMMENÇA À DOMESTIQUER LE CHEVAL IL Y A ENVIRON 5 000 ANS. CET ANIMAL PRÉSENTAIT ALORS VRAISEMBLABLEMENT UN ASPECT PEU VARIÉ DANS SA FORME ET

SES COULEURS. L'ACTUELLE DIVERSITÉ ENTRE LES ESPÈCES EST DONC DUE EN GRANDE PARTIE À L'INTERVENTION HUMAINE, CE QUI MONTRE COMBIEN IL EST ERRONÉ DE CONSIDÉRER LES CHEVAUX DOMESTIQUES RETOURNÉS À L'ÉTAT SAUVAGE DE LA MÊME FAÇON QUE LES CHEVAUX ORIGINELLEMENT SAUVAGES. L'ANCÊTRE DU CHEVAL ACTUEL SURVIT DANS UNE POPULATION UNIQUE DES STEPPES DE LA DZOUNGARIE, EN ASIE CENTRALE, APRÈS UNE QUASI EXTINCTION DANS LES ANNÉES 1960. À CETTE ÉPOQUE, TOUTEFOIS, IL EN RESTAIT ENCORE QUELQUES SPÉCIMENS DANS LES ZOOS EUROPÉENS, DE SORTE QUE L'ON RÉUSSIT À EN SÉLECTIONNER 11 APTES À LA REPRODUCTION : GRÂCE À UN PROGRAMME INTERNATIONAL, LEUR NOMBRE A PU, PAR LA SUITE, DÉ-

INTRODUCTION Chevaux en liberté

PASSER LES 1 500 SUJETS. C'EST DE CETTE MANIÈRE QUE LE CHEVAL MONGOL A PU RÉINTÉGRER SON MILIEU D'ORIGINE : LA STEPPE. CET ANIMAL EST CONNU SOUS DES NOMS DIFFÉRENTS : CHEVAL DE PRZEWALSKI (DU NOM DU NATURALISTE QUI L'IDENTIFIA EN 1879), *TAKHI* (SON NOM DANS LA LANGUE LOCALE) ET CHEVAL SAUVAGE MONGOL OU ASIATIQUE. SON ALLURE EST ASSEZ SINGULIÈRE CAR IL RESSEMBLE À UN ZÈBRE DANS SES MOUVEMENTS ET SON APPARENCE, MAIS D'AUTRES DIFFÉRENCES LE DISTINGUENT DES CHEVAUX QUI FURENT JADIS DOMESTIQUÉS AVANT DE REDEVENIR SAUVAGES. TOUT D'ABORD, LE CHEVAL MONGOL DESCEND D'ANIMAUX QUI N'ONT JAMAIS ÉTÉ AU CONTACT DE L'HOMME, CE QUI IMPLIQUE UN AUTRE ASPECT IMPORTANT : SEUL

INTRODUCTION Chevaux en liberté

UN CHEVAL SAUVAGE PEUT S'APPROCHER DE L'UN DE SES SEMBLABLES. QUAND DEUX GROUPES SE RAPPROCHENT, CHAQUE ÉTALON RASSEMBLE LES FEMELLES DE SON « HAREM » ET LES POULAINS EN RAIDISSANT L'ENCOLURE, LA TÊTE BASSE ET LES OREILLES PLAQUÉES EN ARRIÈRE, CE QUI N'A PAS TOUJOURS LIEU SANS HEURT ET S'ACCOMPAGNE DE COUPS DE DENTS ET DE SABOTS. RASSEMBLER UN TROUPEAU DE JUMENTS REQUIERT ATTENTION, FERMETÉ ET ÉNERGIE. LES CHEVAUX SAUVAGES DE MONGOLIE VIVENT EN GROUPES, OU PARFOIS SEULS, ET À LA DIFFÉRENCE DE LEURS DESCENDANTS SAUVAGES OU DOMESTIQUES, ILS SONT TRÈS AGRESSIFS ; NON SEULEMENT L'ÉTALON PROTÈGE SES FEMELLES ET LES POULAINS, MAIS IL VA JUSQU'À CHERCHER L'AFFRONTEMENT

CONTRE LES AUTRES ÉTALONS, DANS UN RAYON DE PLUSIEURS KILOMÈTRES, POUR LES TENIR ÉLOIGNÉS. LORSQUE LE VENT TRANSMET UN BREF HENNISSEMENT À TRAVERS LA STEPPE, LE MÂLE DOMINANT QUITTE LA TROUPE ET GALOPE QUELQUES CENTAINES DE MÈTRES VERS L'ORIGINE DU SON, PUIS IL S'IMMOBILISE ET ÉCOUTE, EN FIXANT UN PETIT POINT À L'HORIZON. SON « HAREM » SE RASSEMBLE AUTOUR DE LUI, EN PROIE À L'AGITATION. SI AUCUN DES ADVERSAIRES NE RECULE, ILS COMMENCENT ALORS TOUS LES DEUX À SECOUER FIÈREMENT LA TÊTE D'AVANT EN ARRIÈRE, EN FRAPPANT LE SOL AVEC LEURS SABOTS ANTÉRIEURS ET EN HENNISSANT POUR CONVAINCRE L'AUTRE DE BATTRE EN RETRAITE. PUIS ILS S'APPROCHENT L'UN DE L'AUTRE AU PETIT TROT EN IN-

Chevaux en liberté

Introduction

CURVANT L'ENCOLURE ET, ENFIN, ILS PASSENT À L'ASSAUT. CE COMPORTEMENT N'EST QU'UNE DÉMONSTRATION DE FORCE ; POURTANT, LORSQUE L'ENJEU EST LA CONSTITUTION DU HAREM, LE COMBAT PEUT DEVENIR MORTEL. LES CHEVAUX SAUVAGES FONT PREUVE, PAR AILLEURS, D'UNE DOUCEUR ÉTONNANTE LORSQU'ILS SONT EN COUPLE, ET QU'ILS SE MORDILLENT ET SE PINCENT LE COU ET LES FLANCS PENDANT DES HEURES. AU COURS DE CET « EXERCICE DE SOCIALISATION », UNE AURA DE SÉRÉNITÉ LES ENVELOPPE, FAISANT PRESQUE OUBLIER LEUR NATURE SAUVAGE...

107 • France. Chevaux de Camargue passant un gué dans le delta du Rhône.

108-109 • Portugal. Dans les plaines portugaises, les chevaux peuvent galoper sans obstacles.

110-111 • États-Unis. Les vastes territoires d'Amérique du Nord constituent le milieu idéal pour les chevaux sauvages.

Islande. Sélectionnés à l'origine comme petits chevaux de montagne, les poneys islandais sont à leur aise sur les terrains accidentés et grimpent agilement sur les pentes les plus raides.

Islande. Une file de poneys se déplace en « tølt » le long d'un sentier dans l'arrière-pays islandais.

116-117 ● Russie.
Originaires de Mongolie, les chevaux de Przewalsky sont aussi appelés chevaux sauvages asiatiques, même si, aujourd'hui, ils ont quasiment disparu des prairies mongoles.

118-119 ● Argentine.
Les Andes patagonnes, aux sommets éternellement enneigés, constituent la toile de fond de la cavalcade effrénée d'une horde de chevaux sauvages.

Grande-Bretagne. Nés pour vivre dans le froid, ces poneys descendent joyeusement les pentes enneigées des montagnes écossaises.

États-Unis. Élégants et rapides, les Mustangs s'ébattent librement dans les prairies américaines.

124-125 • États-Unis. Un gué dans le Dakota du Sud est l'occasion de se rafraîchir et de jouer.

126-127 • États-Unis. Guidé par le chef de la horde, des chevaux sauvages traversent une rivière en crue dans le Dakota du Sud.

128-129 • États-Unis. Crinières au vent, tout en harmonie, un groupe de pur-sang au galop se détache sur le ciel du Montana.

130-131 • États-Unis. Photographiés dans les herbes hautes du Wyoming, ces poulains se laissent aller à leur penchant naturel : la course.

LES COURSIERS DU FUTUR

SENIO SENSI

● France. Les naseaux délicats d'un poulain arabe révèlent la grâce typique de cette race.

INTRODUCTION Les coursiers du futur

J'AI TOUJOURS PENSÉ QUE LES ANIMAUX AVAIENT UNE VIE SECRÈTE, TISSÉE DE SENTIMENTS, D'ÉMOTIONS, DE DOULEURS ET DE JOIES VÉCUES, PEUT-ÊTRE COMME CHEZ L'HOMME. L'ULTIME SECRET EST INCARNÉ PAR LA MISE BAS D'UN ANIMAL : TANDIS QUE LA FEMME PEUT COMPRENDRE, DEMANDER, S'INFORMER, L'ANIMAL NE PEUT QUE SUBIR, SOUMIS AU JOUG DE LA NATURE, ET SON REGARD SE FAIT PARFOIS IMPLORANT. J'AI ASSISTÉ, PAR HASARD, À LA MISE BAS D'UNE JUMENT DE FERME ; LE POULAIN SE PRÉSENTAIT PAR LE SIÈGE ET IL FALLUT TOUTE L'EXPÉRIENCE DU VÉTÉRINAIRE ET DU PAYSAN, UN VASTE DÉPLOIEMENT D'ÉNERGIE MAIS AUSSI DE LA DÉLICATESSE POUR NE PAS ÉTOUFFER CETTE VIE NAISSANTE. DÈS QUE LE PLA-

INTRODUCTION Les coursiers du futur

CENTA SE DÉTACHA DU CORPS DE LA POULINIÈRE, CELLE-CI SCRUTA SON PETIT, LE RENIFLA, LE LÉCHA. LE POULAIN ESSAYA DE SE REDRESSER, MAIS IL RETOMBA GAUCHEMENT. IL EUT PLUS DE CHANCE UN PEU PLUS TARD, QUAND IL CHERCHA LA MAMELLE ET COMMENÇA À TÉTER. DÉGINGANDÉ, UN PEU COMIQUE, AVEC SES LONGUES JAMBES ET SON CORPS MENU, IL RESSEMBLAIT À UN JEUNE GARÇON AYANT GRANDI TROP VITE. À SA NAISSANCE, LE POULAIN INCARNE PARFOIS TOUTE LA TENDRESSE DU MONDE. IL DEVRAIT TOUJOURS ÊTRE ÉLEVÉ EN COMPAGNIE D'UN ENFANT OU D'UN ADOLESCENT, POUR LEUR BIEN COMMUN. POUR GRANDIR ENSEMBLE ET PERMETTRE À L'ENFANT D'AIMER ET DE RESPECTER LES ANIMAUX ET AU POULAIN

Les coursiers du futur

Introduction

DE FAIRE CONNAISSANCE DE FAÇON MOINS TRAUMATISANTE AVEC CEUX QUI LE DRESSERONT, EN DÉPIT DE SA NATURE. LE POULAIN EST, EN EFFET, LE SYMBOLE DE LA LIBERTÉ LA PLUS JOYEUSE. IL JOUE DANS LA PRAIRIE, SANS LOGIQUE ET SANS RÈGLE, MAIS REVIENT VERS SA MÈRE POUR APPRENDRE LES MOUVEMENTS DU GALOP, EN L'IMITANT, AVEC ÉLÉGANCE ET FIERTÉ. EN LES REGARDANT ENSEMBLE, JE ME DEMANDE QUELLE FORME DE COMMUNICATION LES UNIT EN DEHORS DE L'EXEMPLE. APPRENDRE À VIVRE EST DIFFICILE POUR TOUS ET PLUS ENCORE POUR LES ÊTRES QUI SONT SOUMIS À LA VOLONTÉ DE L'HOMME. UN SECRET QU'IL VAUT MIEUX NE PAS DÉCOUVRIR POUR MILLE RAISONS.

• France. Un poulain arabe apprend à se rendre autonome dans le monde qui l'entoure.

138-139 • Autriche. Haflinger à robe palomino : le poulain trouve protection et sécurité en restant auprès de sa mère.

139 • France. Pendant que la mère se nourrit, le poulain reste près d'elle, aux aguets.

140-141 • Grande-Bretagne. Un bébé Shetland joue avec sa mère, renforçant ainsi sa musculature.

142-143 • Autriche. Chez plusieurs espèces de poulains – ici, un Haflinger – la robe perd avec le temps son poil d'origine.

Grande-Bretagne. Deux poulains jouent librement : un moment joyeux pour apprendre aussi à maîtriser les sauts.

Grande-Bretagne. Non loin des adultes du groupe, deux poulains jouent et s'observent, découvrant ensemble le monde qui les entoure.

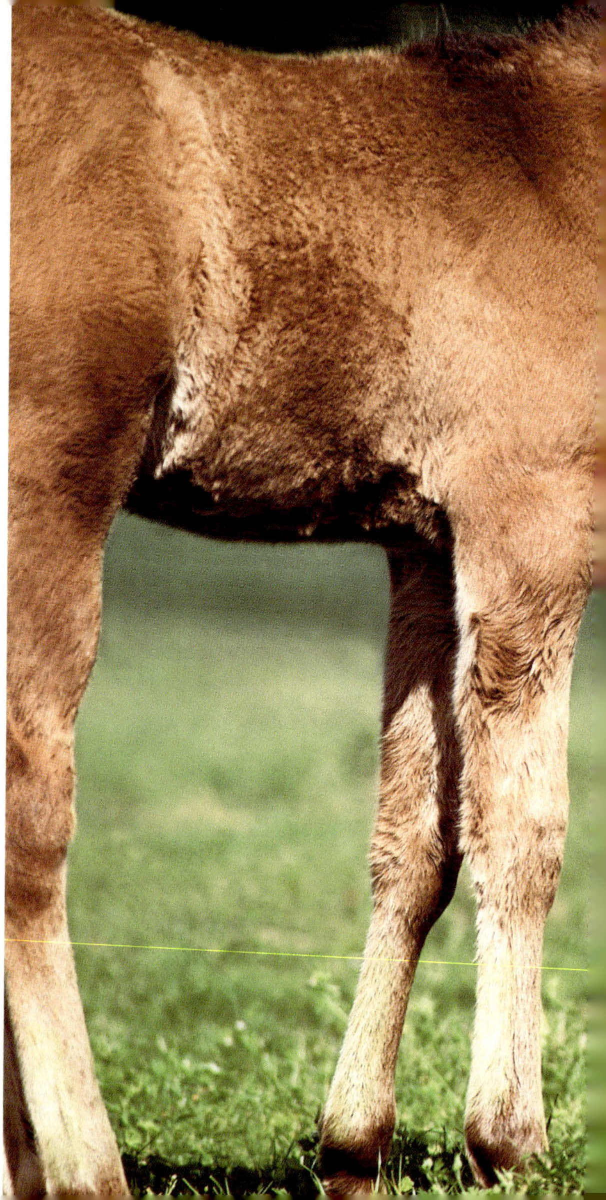

148 et 149 • Allemagne. Les premiers hennissements de deux très jeunes poulains : la communication est également fondamentale dans le monde animal..

150-151 • Islande. Un poney islandais semble se cacher derrière le corps rassurant de sa mère.

États-Unis. Après le trot, le repos : comme tous les jeunes animaux, les poulains épuisent assez vite leurs forces.

Grande-Bretagne. Les poulains ont besoin de contact avec les adultes du groupe.

Allemagne. Deux poulains s'adonnent à leur toilette. Leur sens du toucher est très développé : une mouche, quel que soit l'endroit où elle se pose, suffit à provoquer une réaction de l'animal.

158 • Grande-Bretagne. Un poulain de Gypsy Vanner se dégourdit les jambes en bondissant joyeusement à côté d'un adulte.

159 • Grande-Bretagne. Un beau poulain pie rue avec énergie : l'élégance naturelle de ses mouvements est remarquable.

Allemagne. D'allure déjà aussi altière que les adultes de sa race, un poulain de Frison s'approche de sa mère.

Grande-Bretagne. Curiosité juvénile : à gauche, un Arabe fixe un chaton ; à droite, un Shetland regarde une aigrette avec curiosité.

164 • Grande-Bretagne. Poulain de Shire évoluant au petit trot, tout en se familiarisant avec son environnement.

165 • Irlande. Ce jeune poney irlandais apprend à courir avec sa mère dans une vaste prairie.

“ÉTRANGE CONDITION QUE CELLE DES POULAINS : ILS NAISSENT GAUCHES ET MALADROITS POUR DEVENIR LES CRÉATURES QUE NOUS CONSIDÉRONS COMME LES PLUS GRACIEUSES DE LA TERRE. ET IL EST ÉMOUVANT DE LES OBSERVER TANDIS QU'ILS SUIVENT L'EXEMPLE DE LEUR MÈRE, PLEINS DE BONNE VOLONTÉ.”

Grande-Bretagne. Deux poulains apprécient les joies de la nature dans une solitude totale.

168 • Allemagne. L'élevage des poulains arabes remonte à une lointaine tradition : pour les Bédouins, ils constituaient un trésor inestimable.

169 • Allemagne. Ces poulains arabes incarnent toute la fierté et l'élégance de la race.

• États-Unis. Manifestations d'affection entre une jument Criollo et son poulain. Habitués aux grands espaces de la pampa, ces chevaux sont très fiables et robustes.

172-173 • Grande-Bretagne. Un poulain arabe bai reçoit les soins de sa mère, dotée d'une robe grise. La couleur la plus rare chez les poulains de cette race est le noir uniforme.

174-175 • Grande-Bretagne. Une famille entière galope librement dans la nature : un excellent exercice pour la croissance des petits.

LES ATTITUDES DU CHEVAL

GABRIELE BOISELLE

177 • Islande. Un poney à robe palomino retrousse la lèvre supérieure dans une sorte d'agacement : cette mimique, appelée « Flehmen », est liée à la perception olfactive.

179 • Autriche. Les poneys Haflinger ont un caractère doux, mais pendant la saison de l'accouplement, ils deviennent agressifs et les conflits s'intensifient.

INTRODUCTION Les attitudes du cheval

MON MÉTIER DE PHOTOGRAPHE ME MET TRÈS SOUVENT EN CONTACT AVEC UNE MULTITUDE DE CHEVAUX DIFFÉRENTS. IL Y A LES TIMIDES ET LES « DURS » LES ARROGANTS ET MÊME LES « MACHOS ». JE SUIS TOUJOURS IMPATIENT DE DÉCOUVRIR DE NOUVELLES « PERSONNALITÉS » SUR MES CLICHÉS, CE QUI EST RARE : IL FAUT SE MONTRER TRÈS ATTENTIF. UN JOUR, J'AI PHOTOGRAPHIÉ ANSATA NILE PASCHA, UN ÉTALON ARABE COUVERT DE GLOIRE, UN GRAND CHAMPION. CE CHEVAL TRÈS PARTICULIER AVAIT DÉJÀ TOUT CONNU, DANS DE MULTIPLES EXPOSITIONS DES DEUX CÔTÉS DE L'ATLANTIQUE. IL AVAIT ÉTÉ ÉLEVÉ EN SUBISSANT LES CRUAUTÉS TYPIQUES DES DRESSEURS ET N'AURAIT DONC PAS DE-

INTRODUCTION Les attitudes du cheval

MANDÉ MIEUX QUE D'ÊTRE UN CHEVAL « CLASSIQUE », VIVANT À L'EXTÉRIEUR, AU GRAND AIR. MAIS DU FAIT DE SA VALEUR, ON L'OBLIGEAIT À TRAVAILLER, CE DONT IL AVAIT HORREUR. DE PLUS, IL DÉTESTAIT TOUTES LES PERSONNES VÊTUES DE BLANC, COMME DANS LES MANIFESTATIONS HIPPIQUES, OU CELLES QUI TENAIENT EN MAIN UNE CRAVACHE. LA MALCHANCE VOULUT QUE, CE JOUR-LÀ, J'ÉTAIS VÊTU DE BLANC, ET MON APPAREIL PHOTO NE FUT PAS NON PLUS À SON GOÛT. C'EST AINSI QU'IL SE DIRIGEA VERS MOI EN DÉCOUVRANT LES DENTS, LES YEUX FURIEUX. PENDANT UN INSTANT, JE RETINS MON SOUFFLE, SACHANT BIEN QUE JE N'AURAIS PAS LE TEMPS DE ME SAUVER DE L'AUTRE CÔTÉ DE LA PALISSADE. ALORS, ME FIANT À LA SENSIBILITÉ QUE J'AVAIS DÉ-

VELOPPÉE AU CONTACT DES CHEVAUX, JE N'ATTENDIS PAS QU'IL M'ATTEIGNE MAIS JE BONDIS VERS LUI, COMME POUR L'ATTAQUER. IL EN FUT TELLEMENT SURPRIS QU'IL FIT UN ÉCART, S'IMMOBILISA ET FIT VOLTE-FACE, DÉCOURAGÉ, SEMBLANT SE DEMANDER CE QUI S'ÉTAIT PASSÉ. PUIS, IL S'AVANÇA PRUDEMMENT VERS MOI, L'AIR DE DIRE : « SALUT ! QUI ES-TU ? » J'AVAIS AINSI RÉUSSI À BRISER LA BARRIÈRE DE SA HAINE. JE RANGEAI ALORS MON APPAREIL PHOTO ET NOUS ALLÂMES NOUS PROMENER ENSEMBLE DANS SON PRÉ PENDANT UNE DEMI-HEURE, ET IL JOUA AVEC MOI. C'ÉTAIT UN DES « MODÈLES » LES PLUS PARFAITS QUE J'AI JAMAIS EUS, GENTIL ET COOPÉRATIF... MON TRAVAIL M'A APPRIS UNE CHOSE : NE JAMAIS CROIRE CE QUE LES GENS DISENT

Les attitudes du cheval

Introduction

SUR LES CHEVAUX. IL FAUT DÉCOUVRIR PAR SOI-MÊME DE QUELLE PÂTE EST FAIT L'ANIMAL QUE L'ON A EN FACE DE SOI ET JE N'EN AI JAMAIS RENCONTRÉ DE MÉCHANT, À MOINS QU'IL NE LE SOIT DEVENU PAR LA FAUTE DE L'HOMME. CE SONT LES CRÉATURES LES PLUS NOBLES ET SENSIBLES QUE J'AIE CONNUES DANS MA VIE. J'AI VU DES CHEVAUX BATTUS ET MALTRAITÉS ET POURTANT TOUJOURS FIDÈLES ET LOYAUX. J'EN AI VU QUI PRENAIENT SOIN DE CAVALIERS ATTEINTS DE HANDICAPS PHYSIQUES COMME DE LEURS PROPRES POULAINS. J'AI LA CHANCE D'AVOIR PU EXPLORER DE FAÇON APPROFONDIE LE MONDE DES CHEVAUX, APPRENANT TANT SUR EUX… ET LES AIMANT CHAQUE JOUR DAVANTAGE.

Islande. Effusions entre des poneys islandais. Le cheval est un animal social qui ne supporte pas la solitude.

Argentine. Des étalons Criollos défendent farouchement leurs juments. Le vainqueur exercera sa domination sur toute la horde.

Allemagne. Un bai et un saure s'affrontent au corps à corps : chacun essaie d'imposer sa supériorité physique.

188 • Autriche. Une escarmouche spectaculaire entre deux Haflingers.

189 • Autriche. Deux Haflingers se battent pour imposer leur suprématie sur la horde.

190 • Irlande. Les Gipsy Vanner se distinguent par leur corps athlétique qui les rend parfaits pour les spectacles comme pour le dressage.

190-191 • Grande-Bretagne. Les chevaux d'élevage, dans ce cas un Gipsy Vanner, ont un besoin absolu d'espace et de liberté.

• Islande. Deux poneys islandais découvrent leurs dents en signe d'intimidation. Lorsqu'ils sont dressés très jeunes, les individus de cette race ont un caractère docile.

194-195 ● Égypte. Un cheval arabe se donne en spectacle en se grattant vigoureusement le dos dans la poussière.

195 ● Pays-Bas. Incommodé par les insectes, ce Frison se roule dans la terre pour se soulager.

Espagne. Des chevaux andalous se grattent contre un tronc d'arbre. Où qu'ils vivent, les chevaux doivent affronter un tourment permanent : les insectes.

Espagne. Deux Andalous semblent se prodiguer des marques d'affection ; cette race, à l'aspect et au caractère noble, est robuste, athlétique et facile à dresser.

Autriche. Les chevaux détestant la solitude, il n'est pas rare de les voir se tenir tête-bêche comme ces deux Haflingers.

LA VIE DE RANCH

MEDFORD TAYLOR

• États-Unis. Un cow-boy et son cheval exécutent une figure acrobatique.

INTRODUCTION La vie de ranch

« YEE-HAA... ». À L'AUBE, UN GRONDEMENT DE SABOTS DANS LE LOINTAIN BRISE LE SILENCE D'ASSATEAGUE ISLAND, EN VIRGINIE. LES CHEVAUX GALOPANT SUR LE SABLE APPARAISSENT DANS LE BROUILLARD DESCENDU SUR LES MARAIS SALANTS. EN CE MATIN DE JUILLET, LES COW-BOYS « D'EAU SALÉE » CONDUISENT UN TROUPEAU DE CHEVAUX SAUVAGES VERS L'OCÉAN. APRÈS UNE PROMENADE AU TROT DE QUELQUES KILOMÈTRES LE LONG DE LA PLAGE, ILS DOIVENT PASSER À GUÉ LE CANAL QUI MÈNE À CHINCOTEAGUE. C'EST LE DÉBUT DU *PONY PENNING* ANNUEL, AU COURS DUQUEL UN GROUPE DE PERSONNES D'HORIZONS DIVERS SE RETROUVE UNE SEMAINE DURANT POUR LE RASSEMBLE-

Italie. Un *buttero* toscan assiste son troupeau.

INTRODUCTION La vie de ranch

MENT DES CHEVAUX SAUVAGES... LORS DE CETTE BRÈVE PARENTHÈSE ESTIVALE, ILS SE TRANSFORMENT EN COW-BOYS « D'EAU SALÉE » ET PARTICIPENT À UNE MANIFESTATION QUI SE RÉPÈTE DEPUIS PRÈS DE 80 ANS. « J'AI TOUJOURS RÊVÉ DE DEVENIR COW-BOY ET LEUR VIE ME PASSIONNE... SUR LES TRACES DE MES HÉROS À CHEVAL. » CES QUELQUES MOTS, EXTRAITS DE LA CHANSON DE WILLIE NELSON INTITULÉE *MY HEROS HAVE ALWAYS BEEN COWBOYS* (« MES HÉROS ONT TOUJOURS ÉTÉ DES COW-BOYS »)H298

POURRAIENT ÊTRE CEUX DE TOUT PETIT GARÇON QUI, COMME MOI, A REGARDÉ DES WESTERNS DEPUIS SA PLUS TENDRE ENFANCE. LÀ-BAS, DANS LA BOURGADE DU SUD OÙ J'AI GRANDI, AVEC MON SIX-COUPS FACTICE, JE REVIVAIS TOUT LE FILM EN RENTRANT DU CINÉMA.

INTRODUCTION La vie de ranch

BIEN DES ANNÉES PLUS TARD, EN TANT QUE PHOTOGRAPHE PROFESSIONNEL, J'OBTINS SATISFACTION SOUS LE CIEL DE L'OUTBACK AUSTRALIEN… DANS UN VRAI RASSEMBLEMENT DE BÉTAIL, AVEC DE VRAIS COW-BOYS… DES AMIS AUX ANTIPODES. J'ÉTAIS HEUREUX… UN RÊVE D'ENFANT DEVENAIT RÉALITÉ. CEPENDANT, LE MYTHE DU COW-BOY DANS LA CULTURE POPULAIRE NE SE LIMITE PAS À L'AMÉRIQUE : CE PERSONNAGE EST UNE LÉGENDE UNIVERSELLE. AU MEXIQUE C'EST LE *VAQUERO*, EN ARGENTINE, EN URUGUAY ET AU BRÉSIL C'EST LE *GAUCHO*, QUI GALOPE ENCORE AVEC FIERTÉ. AUTREFOIS APPELÉS « VAGABONDS DE LA PAMPA », LES *GAUCHOS* SONT DES SYMBOLES RESPECTÉS DU PATRIMOINE NATIONAL. EN AUSTRALIE, LES COW-BOYS SONT LES *RINGERS*, *JACKAROOS* OU *JILLAROOS*. ILS MÈNENT UNE EXISTENCE RUDE

ET INDÉPENDANTE. LE *BUTTERO*, EN REVANCHE, EST LE COW-BOY D'ITALIE, LANCÉ AU GALOP LE LONG DE CETTE « FRONTIÈRE CACHÉE » QU'EST LA MAREMME. LIEU QUASI MYTHIQUE COMPOSÉ DE PLAINES OUVERTES ET DE FORÊTS, LA MAREMME EST LA DEMEURE DES DERNIERS *BUTTERI*. AUJOURD'HUI, IL RESTE PEU DE CHEVAUX SAUVAGES ET DE TÊTES DE BÉTAIL, MAIS DE NOMBREUSES TRADITIONS DES *BUTTERI* SONT PRÉSERVÉES GRÂCE À DES MANIFESTATIONS ORGANISÉES PAR LES *BUTTERI* DE HAUTE-MAREMME. PARMI CELLES-CI SURVIVENT LA TRANSHUMANCE ANNUELLE ET UN RASSEMBLEMENT DE CHEVAUX SAUVAGES, D'UNE DURÉE DE DEUX JOURS AU CŒUR DE LA CAMPAGNE TOSCANE. LE COW-BOY ET SON CHEVAL NE FONT QU'UN. ILS TRAVAILLENT ENSEMBLE, EN ÉQUIPE, PAR TOUS LES TEMPS. LE COW-BOY

INTRODUCTION La vie de ranch

AIME SON CHEVAL, PARCE QU'IL EST LOYAL, TOUJOURS APPLIQUÉ, DE BONNE VOLONTÉ MALGRÉ SA FATIGUE ET LE POIDS DE SON CAVALIER. IL Y A UN SIÈCLE, UN COW-BOY POUVAIT CHEVAUCHER SUR DES MILLIERS DE KILOMÈTRES AVEC LES TROUPEAUX. AUJOURD'HUI, EN REVANCHE, L'OUEST AMÉRICAIN EST TRAVERSÉ PAR DES FRONTIÈRES, DES PALISSADES ET DES AUTOROUTES. LES DÉPLACEMENTS DU BÉTAIL SE COMPTENT EN JOURS, PLUS EN SEMAINES OU EN MOIS. IL NE FAUT QUE QUELQUES JOURS AUX *RINGERS* D'AUSTRALIE POUR CONDUIRE LES TÊTES JUSQU'AUX MOYENS DE TRANSPORT ROUTIERS. LE MODE DE VIE DU COW-BOY A CHANGÉ, MAIS IL NOUS FAIT TOUJOURS RÊVER CAR IL REPRÉSENTE L'INDÉPENDANCE, L'AVENTURE, LES GRANDS ESPACES... LE *VAQUERO*, LE *GAUCHO*, LE

La vie de ranch

Introduction

BUTTERO ET LE *JACKAROO* FONT PARTIE DU PATRIMOINE DE LEURS PAYS RESPECTIFS ET ILS ONT SURVÉCU AUX CHANGEMENTS. LÀ-BAS À CHINCOTEAGUE, LORSQUE LES POULAINS ONT ÉTÉ VENDUS AUX ENCHÈRES, LES COW-BOYS PARCOURENT À NOUVEAU LES RUELLES DE LA BOURGADE POUR RENTRER CHEZ EUX, À ASSATEAGUE ISLAND, DE L'AUTRE CÔTÉ DU CANAL. LA ROBE DES CHEVAUX BRILLE SOUS LE SOLEIL LORSQU'ILS SORTENT DE L'EAU, LES SABOTS PIÉTINENT LE SABLE ET LA BOUE. ON NE PEUT QUE SE SENTIR HEUREUX EN SACHANT QUE, L'ANNÉE PROCHAINE, LE TROUPEAU RÉAPPARAÎTRA AVEC LES COW-BOYS « D'EAU SALÉE ».

● États-Unis. Ferrer un cheval nécessite de l'habileté et de la précision.

212-213 ● États-Unis. Le lasso est l'outil de travail de tout cow-boy.

213 ● États-Unis. Maîtriser une troupe de chevaux non domestiqués implique des déplacements continuels.

● États-Unis. Les barrières des pâturages sont constituées de simples pieux que l'on peut extraire du sol..

États-Unis. La cavalcade des groupes de chevaux sauvages est un spectacle impressionnant.

218 • États-Unis. Les bottes dotées d'éperons font partie de la tenue des cow-boys.

218-219 • États-Unis. Les protections en cuir (*chaps*) sont un autre must des vêtements de ranch.

Canada. Dans la pénombre de son atelier, un maréchal-ferrant forge des fers pour les sabots. La vie dans les ranchs suit des rythmes ancestraux.

États-Unis. Travailler avec les chevaux ne nécessite pas seulement de la force, mais aussi des qualités plus « féminines », comme la sensibilité et la délicatesse.

224 et 225 • États-Unis. Cavaliers habiles et courageux, les cow-boys doivent aussi faire preuve d'une agilité considérable et d'une grande adresse pour manier correctement le lasso.

226-227 • États-Unis. Un groupe de chevaux galope librement hors du corral.

228-229 • États-Unis. Canyon, cow-boys et chevaux sauvages sont des aspects incontournables des Grands Espaces américains.

230-231 • États-Unis. Travailler en binôme facilite la poursuite des animaux.

232-233 • États-Unis. Un troupeau avance dans l'ordre sous la supervision du gardien.

234-235 • États-Unis. Les cow-boys doivent faire face à la rudesse de la nature et du climat.

236-237 • Argentine. Les *gauchos* conduisent le bétail en se plaçant à l'arrière du troupeau afin d'en avoir une vision complète.

238-239 • Argentine. Deux *gauchos* secourent un veau en difficulté.

239 • Argentine. Le passage à gué est un moment crucial, dangereux pour les hommes et les animaux.

240-241 • Argentine. Deux *gauchos* guident un troupeau de Criollos en faisant tournoyer leur cravache.

242 et 243 • Italie. La splendide campagne toscane sert de toile de fond aux patrouilles des *butteri*, chargés de la surveillance de troupeaux de bovins.

244-245 • Italie. Comme les autres gardiens de troupeaux du monde, les *butteri* travaillent quotidiennement avec des chevaux : un rapport privilégié d'égalité et d'amitié s'instaure ainsi entre eux.

“ POUR LES GARDIENS DE TROUPEAUX DU MONDE ENTIER, POUR CEUX QUI VIVENT AU QUOTIDIEN AVEC LE BÉTAIL, LE CHEVAL EST SYNONYME DE TRAVAIL, DE PEINE ET DE SUEUR PAR TOUS LES TEMPS. CEPENDANT, IL ÉVOQUE AUSSI LA LIBERTÉ, UNE CONDITION DONT TOUS RÊVENT ET PEU BÉNÉFICIENT. ”

• Italie. Les chevaux des *butteri* sont des Maremmani, des animaux habitués à vivre à l'état semi-sauvage dans la campagne, aux côtés des bovins à longues cornes, typiques de la région toscane.

Espagne. *Doma vaquera* : le gardien de troupeaux poursuit le bétail qui se déplace à un rythme soutenu.

Hongrie. Un *csikos*, vêtu de la traditionnelle tunique bleue, guide un troupeau de magnifiques chevaux bais à travers la Puszta.

252-253 et 254-255 •
Mongolie. Les gardiens de bétail mongols doivent évoluer dans des espaces infinis et faire face à des températures rigoureuses.

Australie.
L'environnement dans lequel travaillent les cow-boys australiens est constitué d'étendues arides et poussiéreuses.

258-259 ● Australie. Passage à gué d'un cheval à l'aide d'une barque et d'une corde.

260-261 ● Australie. Les cow-boys qui surveillent les bovins adaptent leur allure à celle des animaux, relativement lente. Du reste, le métier de gardien de troupeaux suit des rythmes traditionnels ou, plutôt, « naturels ».

Australie. Soleil et poussière accompagnent le travail quotidien des gardiens de troupeaux. En Australie, les cow-boys portent différents noms : on les appelle notamment *jackaroos*, *jillaroosringers* ou *ringers*.

ENFANTS ET CHEVAUX

PAOLO MANILI

Inde. Un très jeune novice bouddhiste prend soin d'un cheval mongol.

NOVINO
NOVINO SPECIAL

INTRODUCTION Enfants et chevaux

TOUS LES ENFANTS NE SONT PAS ATTIRÉS PAR LE CHEVAL. CERTAINS EN ONT PEUR DU FAIT DE SA GRANDE TAILLE, PARCE QU'ILS NE LE CONNAISSENT PAS OU PARCE QU'ILS PRÉFÈRENT D'AUTRES ANIMAUX, COMME LE CHIEN, LE CHAT, LE LAPIN… D'AUTRES AIMENT LES CHEVAUX AVANT MÊME D'EN AVOIR VU UN.

L'ATTRACTION QU'ILS ÉPROUVENT POUR CET ANIMAL PEUT ÊTRE DUE À LEUR ÉDUCATION, AUX CONTES QU'ON LEUR A RACONTÉS, AUX DESSINS ANIMÉS, MAIS ÉGALEMENT À LEUR TEMPÉRAMENT. CES ENFANTS SONT PASSIONNÉS PAR LE CHEVAL ET, QUAND ILS EN RENCONTRENT UN, IL SE DÉCLENCHE UNE ALCHIMIE QUE LES EXPERTS EUX-MÊMES NE SAVENT PAS EXPLIQUER. L'ENFANT EST FASCINÉ PAR L'ANIMAL ET CELUI-CI NE LE

PERÇOIT PAS COMME UN PRÉDATEUR QU'IL FAUT FUIR MAIS COMME LE PETIT D'UNE AUTRE ESPÈCE. SOUVENT, MÊME LES CHEVAUX OMBRAGEUX SONT ATTENTIONNÉS ET DÉLICATS VIS-À-VIS DES ENFANTS : CE SONT LES LOIS MYSTÉRIEUSES DE LA NATURE. LA PLUS BELLE CONQUÊTE DE L'HOMME INCARNE ÉGALEMENT LA BEAUTÉ ET LA GRÂCE, LA FORCE ET LE RÊVE, IL STIMULE L'IMAGINATION, LE DÉSIR, LA POSSESSION… ET LES ENFANTS AIMENT CE QUI EST BEAU, RÊVENT LES YEUX OUVERTS, DÉSIRENT S'APPROPRIER DES CHOSES QUI LEUR PLAISENT. PUIS ILS RESSENTENT TRÈS VITE DE L'AMOUR POUR CET ANIMAL GRAND ET SENSIBLE, SYMPATHIQUE AU POINT DE DEVENIR UN COMPAGNON DE JEU. C'EST PRÉCISÉMENT SUR L'ASPECT LUDIQUE QUE REPOSE LA PLUS

Enfants et chevaux

Introduction

RÉCENTE MÉTHODE D'ENSEIGNEMENT DE L'ÉQUITATION AUX PLUS JEUNES. LES ENFANTS COMMENCENT LA MISE EN SELLE AVEC DES PONEYS, ADAPTÉS À LEUR TAILLE ET À LEURS FORCES, ET ILS APPRENNENT L'ÉQUITATION À TRAVERS DES JEUX QUI LES PRÉPARENT À L'ESPRIT DE COMPÉTITION. EN OCCIDENT, LES CONCOURS DE PONEYS ORGANISÉS POUR LES JEUNES ENFANTS SONT TRÈS RÉPANDUS ET FONT L'OBJET D'UN CALENDRIER INTERNATIONAL : LES MEILLEURS, QUI PARTICIPENT AUX CHAMPIONNATS EUROPÉENS ET MONDIAUX DES DIFFÉRENTES SPÉCIALITÉS, SERONT LES CHAMPIONS DE DEMAIN.

• États-Unis. Une petite cavalière conduit son poney favori vers le ranch.

270 • États-Unis. En bois ou en chair et en os, le cheval est un compagnon idéal.

271 • États-Unis. Ce jeune enfant apprend les premiers rudiments de l'art difficile du maniement du lasso.

272-273 • États-Unis. Avant un rodéo, un enfant observe un cheval avec entousiasme.

• Allemagne. Une jeune cavalière manifeste toute sa confiance vis-à-vis de son magnifique cheval arabe. Avec les chevaux, plus qu'aucun autre animal domestique, les êtres humains ont tendance à adopter un comportement d'égal à égal.

• États-Unis. Une fois disparue la méfiance initiale (principalement due aux dimensions imposantes de l'animal), les enfants vouent aux chevaux une confiance totale, et bien partagée, car elle ne sera jamais trahie.

278 • Grande-Bretagne. Deux jeunes jockeys sautent une haie pendant un concours.

279 • Grande-Bretagne. Un jockey glisse de sa selle à la réception d'un saut.

6
Larch-Lap

280 • Grande-Bretagne. Coiffée de sa bombe, les cheveux tressés et noués avec des rubans, une jeune cavalière attend le début du concours.

280-281 • Grande-Bretagne. Un saut élégant : jeune, on apprend vite et mieux.

282-283 • Mongolie. En selle sur les formidables petits chevaux mongols, enfants et adultes s'élancent au galop dans la prairie.

399

EN UNIFORME

HENRY DALLAL

Grande-Bretagne. En juin, à l'occasion de l'anniversaire de la reine, les rangs de la Household Cavalry (cavalerie de la Maison royale), la garde personnelle de la souveraine, se dirigent vers le château de Windsor.

INTRODUCTION Chevaux en uniforme

À LONDRES, OÙ JE ME TROUVAIS POUR LA PREMIÈRE FOIS, JE FUS RÉVEILLÉ UN MATIN PAR LE VACARME RETENTISSANT D'UNE TRENTAINE DE CHEVAUX AU TROT DANS LES RUES PAVÉES DE CETTE VILLE SURPRENANTE. JE COURUS À LA FENÊTRE. UN CHARME ÉMANAIT DU LIEU LUI-MÊME ET DES BRUITS DE SABOTS PRODUITS PAR CES CENTAURES QUE SONT LES MILITAIRES À CHEVAL. C'EST AINSI QUE COMMENÇA LE VOYAGE AU COURS DUQUEL J'ALLAI PHOTOGRAPHIER LE RÉGIMENT DE CAVALERIE LE PLUS ÉLITISTE DE LA FAMILLE ROYALE, LA GARDE RAPPROCHÉE D'APPARAT DES SOUVERAINS. QUELQUE 23 000 PHOTOGRAPHIES PLUS TARD, J'ÉTAIS ENCORE ENVOÛTÉ COMME LE JOUR OÙ J'AVAIS ENTAMÉ MON PÉRIPLE, SEPT ANS AUPARA-

INTRODUCTION Chevaux en uniforme

VANT. LA GRANDE-BRETAGNE EST CÉLÈBRE DANS LE MONDE ENTIER POUR AVOIR CONSERVÉ BIEN VIVANTE LA TRADITION DES CHEVAUX DE GUERRE LORS DE SES ÉBLOUISSANTES CÉRÉMONIES. CELLE-CI EST SYMBOLISÉE PRÉCISÉMENT PAR LA CAVALERIE DE LA FAMILLE ROYALE, L'ARTILLERIE HIPPOMOBILE ROYALE, LES ÉCURIES ROYALES, L'HONORABLE COMPAGNIE D'ARTILLERIE ET DIVERS AUTRES RÉGIMENTS. CEPENDANT, D'AUTRES NATIONS MAINTIENNENT ÉGALEMENT L'EMPLOI DES « CHEVAUX EN UNIFORME » DANS LEUR PATRIMOINE CULTUREL. C'EST LE CAS DE LA GARDE RÉPUBLICAINE FRANÇAISE, DES GARDES PRÉSIDENTIELLES PAKISTANAISE ET INDIENNE, AVEC LE 61e DE CHEVAU-LÉGERS, DE LA POLICE MONTÉE CANADIENNE ET DES CARABINIERS À

CHEVAL ITALIENS. PLUS J'APPROFONDISSAIS LE SUJET, PLUS IL Y AVAIT À VOIR ET À S'ÉMERVEILLER. DERRIÈRE SES NASEAUX VELOUTÉS, CHAQUE CHEVAL A SON CARACTÈRE, SA PERSONNALITÉ ET SON TEMPÉRAMENT. LES JOURS DE PARADE, COMME CELUI DE L'ANNIVERSAIRE DE LA REINE, UNE ARMÉE DE PLUS DE 400 CHEVAUX PREND SON SERVICE. AVEC SES CAVALIERS – SOLDATS DES TEMPS MODERNES QUI, SOUVENT, REVIENNENT À PEINE D'UNE ZONE DE CONFLIT OU D'UNE MISSION DE MAINTIEN DE LA PAIX – CETTE ARMÉE RESPIRE LA BRAVOURE, L'ORGUEIL ET L'HONNEUR. CHAQUE ANIMAL A ÉTÉ ENTRAÎNÉ DURANT DES MOIS ET, POUR L'OCCASION, ÉTRILLÉ PENDANT DES HEURES ET DES HEURES, ET LES SABOTS NETTOYÉS. CAVALIERS ET MONTURES PORTENT

INTRODUCTION Chevaux en uniforme

DES UNIFORMES SPLENDIDES, AVEC DE LOURDES SELLES ET DES HARNAIS DIGNES DES JOURS DE BATAILLE. LA LUMIÈRE FROIDE DU MATIN, LA BRUME, LE SOUFFLE DES CHEVAUX RESPLENDISSANTS.

TINTEMENTS ET FRACAS, ÇÀ ET LÀ UN TOUSSOTEMENT OU UN HENNISSEMENT ALORS QUE L'ARMÉE ATTEND PATIEMMENT DANS LES RANGS QUE LE COMMANDANT INSPECTE CHEVAUX ET CAVALIERS. ILS NE FONT PLUS QU'UN, FIERS DE PARADER POUR ESCORTER LA SOUVERAINE, DE DÉFILER DEVANT LE MONDE ENTIER. QU'ILS TIRENT LES CANONS OU LE CARROSSE ROYAL, ILS CONNAISSENT LE CHEMIN, LE MOMENT, LA SOLENNITÉ DE L'OCCASION. IL Y A UN TEMPS POUR PLAISANTER OU REGIMBER ET UN TEMPS POUR ÊTRE AU GARDE-À-VOUS

Chevaux en uniforme

Introduction

PENDANT DES HEURES. UN ORCHESTRE COMPLET AVANCE AU PAS, PARFAITEMENT SYNCHRONE. LES MUSICIENS SUIVENT LA BAGUETTE DU CHEF, QUI MONTE LE CHEVAL DE TÊTE. ENTRE LA FOULE QUI APPLAUDIT DE PART ET D'AUTRE, SOUS LE TOURNOIEMENT DES PALES D'HÉLICOPTÈRE, L'ARMÉE DE 400 CHEVAUX S'EXHIBE FIÈREMENT ET FAIT MONTRE D'UNE DISCIPLINE DE FER. NÉANMOINS, SANS SE PRÉOCCUPER DU RANG OU DU TITRE DE SON CAVALIER, UN CHEVAL DÉCIDE PARFOIS QU'IL N'A QUE FAIRE DU DÉFILÉ ET COMMENCE SA PARADE PERSONNELLE, HABITUELLEMENT À UN RYTHME PLUS RAPIDE ET DANS UNE DIRECTION DIFFÉRENTE, PEUT-ÊTRE VERS L'ÉCURIE OÙ ON LE NOURRIT.

Italie. La fanfare des carabiniers à cheval défile sur la via dei Fori Imperiali, à Rome.

Grande-Bretagne

292-293 • Grande-Bretagne.
Les Life Guards défilent en cercle
à la fin de la parade.

293 • Grande-Bretagne. L'appel des Life
Guards : chevaux et cavaliers sont
soumis à une discipline éreintante.

● Grande-Bretagne. Avec leurs tuniques brodées au monogramme de la reine, les membres de la formidable fanfare militaire qui accompagne Trooping the Colour sont capables de jouer à un rythme totalement différent de celui de la marche.

296-297 • Grande-Bretagne.
À l'apogée de la parade, les Blues and Royals suivent les Life Guards au sortir du château de Windsor.

297 • Grande-Bretagne.
Les régiments se rassemblent sur le vaste Quadrangle, au château de Windsor.

Italie

Italie. Devant un Colisée évanescent, les carabiniers de la division des cuirassiers défilent sur la via dei Fori Imperiali à l'occasion de la Festa della Repubblica (Fête de la République).

300 • Italie. Alignés sur la Piazza di Siena, à Rome, les carabiniers à cheval attendent le début du Carrousel.

301 • Italie. Pendant le carrousel, des quadrilles de carabiniers à cheval exécutent des figures reproduisant des mouvements de troupes au combat.

Italie. Une compagnie de carabiniers à cheval lance ses montures au galop dans le parc de la Villa Borghèse, à Rome.

France

France. Le 14 juillet, date anniversaire de la prise de la Bastille, une marée de casques luisants emplit l'avenue des Champs-Élysées : c'est la fière Garde républicaine qui défile.

Espagne

306 • Espagne. Un agent de la Guardia Civil espagnole remplit sa fonction à cheval dans les rues de Madrid.

306-307 • Espagne. Des gardes à cheval présentent leur lance sur la Plaza de la Provincia, à Madrid.

Suède

308 • Suède. Des trompettistes de la Garde royale accompagnent la relève de la garde au palais royal de Stockholm.

308-309 • Suède. La Garde royale est la plus ancienne au monde : les origines de ce régiment remontent à 1521.

Canada

310 • Canada. Vêtus de tuniques éclatantes en laine peignée, des lanciers de la police montée se préparent à un carrousel, au cours duquel 32 officiers à cheval exécutent des figures complexes avec l'accompagnement de la fanfare militaire.

311 • Canada. Le monogramme MP sur le tapis de selle résume la dénomination complète du corps des « tuniques rouges » : la Royal Canadian Mounted Police.

MP

Canada. Des divisions de la police montée (les légendaires « tuniques rouges »), au galop et en formation, simulent une charge.

Inde

314, 314-315 e 316-317 • Inde. À New Delhi, des divisions de la Garde présidentielle sont en manœuvre devant le Rashtrapati Bhavan, la résidence du président de la République indienne.

SPORTS ÉQUESTRES

PAOLO MANILI

Grande-Bretagne. Sport ô combien dynamique, le polo requiert de l'audace et de l'habileté de la part des chevaux et des cavaliers.

INTRODUCTION Sports équestres

C'EST GRÂCE AUX SPORTS ÉQUESTRES QUE LE CHEVAL A PU SURVIVRE À L'AVÈNEMENT DE L'AUTOMOBILE. EN EFFET, SA FONCTION DE MOYEN DE TRANSPORT ET D'INSTRUMENT DE TRAVAIL SE TROUVA ALORS RÉDUITE. SEULES LES ARMÉES CONTINUÈRENT À L'UTILISER, À DES FINS DE DRESSAGE ET DE DÉMONSTRATION.

L'ACTUEL « CONCOURS COMPLET », QUALIFIÉ À L'ORIGINE DE « MILITAIRE », EST ISSU DES EXERCICES PRATIQUÉS PAR LA CAVALERIE. IL SE COMPOSE DE TROIS ÉPREUVES CONSÉCUTIVES RÉALISÉES AVEC LA MÊME MONTURE : LE DRESSAGE, LE CROSS SUR UN PARCOURS NATUREL ET LE SAUT D'OBSTACLES. COMME LE DRESSAGE ET LE SAUT D'OBSTACLES, LE CONCOURS COMPLET EST L'UNE DES

Suisse. Le White Turf se déroule chaque année dans un lieu insolite pour une course hippique : la surface gelée du lac de Saint-Moritz.

INTRODUCTION Sports équestres

TROIS DISCIPLINES ÉQUESTRES OLYMPIQUES. LE DRESSAGE, QUI A LES ORIGINES LES PLUS ANCIENNES DANS L'ÉQUITATION D'ÉCOLE ET REMONTE AUX XVIIe ET XVIIIe SIÈCLES, DÉMONTRE DANS SA VERSION ACTUELLE L'OBÉISSANCE ET LA SOUMISSION DU CHEVAL À TRAVERS DES MOUVEMENTS EFFECTUÉS DANS UNE CARRIÈRE. LE SAUT D'OBSTACLES, EN REVANCHE, COMPORTE DES ÉPREUVES DE DIFFÉRENTS TYPES ET DÉRIVE DIRECTEMENT DE LA CHASSE : POUR TESTER LES CHEVAUX, ON LEUR FAISAIT SAUTER DANS UN ENCLOS DES OBSTACLES REPRODUISANT LES DIFFICULTÉS NATURELLES DE LA CAMPAGNE. CELA CONDUISIT PAR LA SUITE À L'ORGANISATION DE VÉRITABLES CONCOURS. LA BASE DE LA TECHNIQUE ACTUELLE, CODIFIÉE AU DÉBUT DU

XXe SIÈCLE PAR LE CAPITAINE DE CAVALERIE ITALIENNE FEDERICO CAPRILLI, SE RÉPANDIT DANS LE MONDE ENTIER. D'AUTRES SPÉCIALITÉS ÉQUESTRES SONT PRATIQUÉES À DIVERS NIVEAUX DANS PRESQUE TOUS LES PAYS, SELON DES CALENDRIERS SPORTIFS PRÉVOYANT DES CHAMPIONNATS MONDIAUX ET CONTINENTAUX : CITONS, PAR EXEMPLE, L'ENDURANCE, AUTREMENT DIT LES ÉPREUVES DE FOND, LES COURSES « D'ATTELAGES », COMPRENANT DES ÉPREUVES DE MANIABILITÉ ET EN PARCOURS NATUREL, ET LA « VOLTIGE », QUI CONSISTE À CE QU'UN OU PLUSIEURS GYMNASTES EXÉCUTENT DES FIGURES ARTISTIQUES SUR LE DOS D'UN CHEVAL DÉCRIVANT UN CERCLE. AJOUTONS À CETTE LISTE LE POLO, NÉ EN INDE ET IMPORTÉ PAR LES ANGLAIS, ET LE HORSE-

Sports équestres
Introduction

BALL, SORTE DE JEU DE BALLON À CHEVAL. L'AUTRE MOITIÉ DE L'UNIVERS ÉQUESTRE EST REPRÉSENTÉE PAR « L'ÉQUITATION WESTERN », DONT LES CONCOURS S'APPUIENT SUR DES SITUATIONS DÉRIVÉES DU TRAVAIL À CHEVAL AVEC LE BÉTAIL.

LOIN DES PRATIQUES ÉLITISTES DES ORIGINES, LES SPORTS ÉQUESTRES SONT DEVENUS DE PLUS EN PLUS RÉPANDUS ET APPRÉCIÉS DU GRAND PUBLIC CES DERNIÈRES ANNÉES, CE QUI A ÉGALEMENT CONTRIBUÉ À LA RELANCE ET À L'AMÉLIORATION DE L'ÉLEVAGE. L'ÉQUITATION EST EN OUTRE UN SPORT « MODERNE » : HOMMES ET FEMMES PEUVENT RIVALISER ET CE SONT SOUVENT CES DERNIÈRES QUI L'EMPORTENT.

● Pays-Bas. En pleine phase d'enlevé, le cheval et le cavalier sont en parfaite harmonie.

Saut d'obstacles

326 • Pays-Bas. Dans les phases d'extension, l'espace d'un instant, le cheval semble planer en l'air.

327 • Suède. Au moment de l'enlevé, le cavalier déplace son poids vers l'avant pour faciliter le saut.

Irlande. Une fois le saut amorcé, tout repose sur le cheval, car le cavalier ne peut intervenir ni avec les rênes, ni avec la cravache.

330-331 • Écosse. Le cheval attend que le cavalier ordonne la détente : la moindre incertitude de sa part et l'animal « refuse » le saut, comme il est coutume de dire.

332-333 • Espagne et Grande-Bretagne. La chute du cheval, du cavalier ou des deux est habituellement sanctionnée par une forte pénalité et, dans certains concours, par une élimination.

005
OLSTEN

Dressage

334 • Espagne. Dans « l'appuyer », le cheval avance en diagonale dans le rectangle de concours.

334-335 • Espagne. Élégance, équilibre et entente parfaite : le dressage est l'une des disciplines équestres les plus nobles.

LASSIC

Espagne. La parole et le contact physique sont le fondement de l'entente indispensable pour participer à un concours de dressage.

Polo

Suisse. Lors des spectaculaires matchs de polo sur neige, la balle utilisée est rouge plutôt que blanche et beaucoup plus grosse qu'en polo traditionnel.

2
Cartier
2
3

340-341 ● États-Unis. Les chevaux doivent avoir des jarrets robustes pour résister aux sollicitations imposées par le polo. Il s'agit souvent de poneys.

342-343 ● Grande-Bretagne. Pour éviter les collisions dangereuses, le polo est régi par de complexes droits de priorité.

Concours complet

États-Unis. Les épreuves exigeantes de concours complet se déroulent sur des terrains variés, avec des obstacles artificiels et naturels, notamment de l'eau.

MITSUBISH
51

Grande-Bretagne. Les chutes spectaculaires ne sont pas rares dans une spécialité comme le concours complet.

18

Attelage

Grande-Bretagne. Les concours d'attelage comprennent diverses catégories : attelage simple, en paire, en tandem (deux chevaux l'un derrière l'autre) et, comme dans le cas illustré ici, attelage à quatre.

350-351 et 351 • Grande-Bretagne. Les concours d'attelage exhalent un parfum d'antan.

352-353 • Grande-Bretagne. Un attelage simple, avec meneur et groom, peut atteindre des vitesses élevées.

Trot attelé

de 354 à 357 ● Suisse, États-Unis. Lors des compétitions de trot attelé (même en hiver), les drivers prennent place à bord de petites voitures de métal extrêmement légères, équipées de roues pneumatiques, les sulkys.

STABLE

Course d'obstacles

de 358 à 363 • Grande-Bretagne, Irlande. Les courses d'obstacles sur champ (steeple-chase) demandent aux chevaux une force exceptionnelle. Elles se déroulent sur des parcours de 3 000 mètres, entrecoupés de haies, de murets et de fossés.

Clarkson
12
EVENING

Course

de 364 à 367 • Suisse. Des cavaliers au grand galop dans un nuage de neige : c'est le White Turf (« pré blanc ») de Saint-Moritz, un événement sportif qui regroupe des courses internationales de trot et de galop.

368-369 • États-Unis. Une fois ouvert le starting-gate, indispensable pour maintenir les concurrents alignés et séparés, la puissance des chevaux se déchaîne en un instant.

Cards

10
9
7

UNITED

Grande-Bretagne.
La vitesse élevée oblige
les jockeys à porter des
lunettes de protection
équipées de trous
d'aération latéraux.

372 • Irlande. Les Galway Races existaient déjà au XIIIe siècle.

372-373 • Australie. Pour faciliter les mouvements des chevaux, les jockeys ne s'assoient presque jamais sur la selle.

374-375 • Irlande. C'est au galop que le cheval exprime toute sa puissance.

LES GRANDES ÉCOLES

PAOLO MANILI

• France. Un instructeur de l'école du Cadre Noir de Saumur, en képi et uniforme noir, guide un cheval dans une cabriole spectaculaire.

INTRODUCTION Les grandes écoles

DÉJÀ DANS *L'HIPPARQUE*, ÉCRIT AUTOUR DE 362 AV. J.-C., XÉNOPHON PARLAIT D'UN « TRAVAIL D'ÉCOLE » CONSISTANT À RECHERCHER DANS LES MOUVEMENTS DU CHEVAL L'HARMONIE DES ALLURES. EN REVANCHE, L'OBJECTIF DE L'ÉQUITATION D'ÉCOLE DE LA RENAISSANCE ÉTAIT D'OBTENIR DE LA MONTURE LA FACULTÉ D'EXÉCUTION DES MOUVEMENTS. LES ARMES À FEU AYANT RENDU OBSOLÈTES LES ARMURES, ON DEMANDAIT AUX CHEVAUX UNE PLUS GRANDE MANIABILITÉ. AU XVIe SIÈCLE, IL S'AGISSAIT D'UNE ACTIVITÉ « COERCITIVE », PARFOIS BRUTALE (PRENONS L'EXEMPLE DE FEDERICO GRISONE, ÉLÈVE DE GIOVANBATTISTA PI-

Autriche. Pareil à une statue équestre en chair et en os, un Lipizzan exécute une courbette dans le manège de l'École espagnole de Vienne.

GNATELLI ET À SON TOUR MAÎTRE DE L'ÉCOLE DE NAPLES), NOTAMMENT EN RAISON DES TYPES DE CHEVAUX, LOURDS ET « FROIDS ». PUIS, PAR UNE RECHERCHE CONTINUELLE, L'ART ÉQUESTRE STYLISA LES MOUVEMENTS DU CHEVAL AU COMBAT EN AIRS DE MANÈGE DE PLUS EN PLUS RAFFINÉS. LE DRESSAGE FUT SUBLIMÉ PAR LA HAUTE ÉCOLE QUI DONNA NAISSANCE, AU XVIIe SIÈCLE, AUX TECHNIQUES DE PLUS EN PLUS FINES DE PLUVINEL ET DE NEWCASTLE. FRANÇOIS ROBICHON DE LA GUERINIÈRE (1687-1751), PÈRE DE L'ÉQUITATION FRANÇAISE, CONDUISIT À UNE PREMIÈRE RÉVOLUTION EN CHERCHANT À ALLIER LA VIRTUOSITÉ ET LA FACILITÉ D'EMPLOI DU CHEVAL. APRÈS LUI, D'UNE PART L'ÉQUITATION ACADÉMIQUE CONTINUA D'ÉVOLUER DURANT TOUT

INTRODUCTION Les grandes écoles

LE XIXe SIÈCLE ET, D'AUTRE PART, LES ÉVÉNEMENTS HISTORIQUES PERMIRENT UNE UTILISATION PLUS AISÉE ET DIVERSIFIÉE DU CHEVAL DE SELLE. AU DÉBUT DU XXe SIÈCLE, FEDERICO CAPRILLI (1868-1907), CAPITAINE DE LA CAVALERIE ITALIENNE, CODIFIA LE « SYSTÈME NATUREL D'ÉQUITATION », SELON LEQUEL LE CAVALIER DOIT UTILISER L'ÉQUILIBRE NATUREL DU CHEVAL EN S'ADAPTANT À LUI ET NON L'INVERSE. CE FUT LA SECONDE RÉVOLUTION ÉQUESTRE, LA PLUS IMPORTANTE AUSSI. ELLE ALLAIT ÊTRE LE FONDEMENT DE LA TECHNIQUE CONTEMPORAINE : ENSEIGNÉE À L'ÉCOLE DE PINEROLO ET RAPIDEMENT DIFFUSÉE DANS LE MONDE ENTIER, SURTOUT POUR LE SAUT D'OBSTACLES, ELLE DÉTRÔNA L'ÉQUITATION D'ÉCOLE. NÉANMOINS, CERTAINES ACADÉMIES CLAS-

Les grandes écoles

Introduction

SIQUES ONT SURVÉCU JUSQU'À NOS JOURS : L'ÉCOLE ESPAGNOLE DE VIENNE (FONDÉE EN 1729 PAR CHARLES VI DE HABSBOURG) ET CELLE DE SAUMUR (CRÉÉE AU MILIEU DU XIIIe SIÈCLE PAR LE DUC DE CHOISEUL) SONT DE VÉRITABLES « SANCTUAIRES », GARDIENNES D'UN PATRIMOINE D'UNE VALEUR TECHNIQUE ET CULTURELLE INESTIMABLE. ENFIN, POUR PRÉSERVER LA TRADITION ESPAGNOLE, LA REAL ESCUELA ANDALUZA DEL ARTE ECUESTRE, INSTITUÉE PAR ALVARO DOMECQ ROMERO, FUT INAUGURÉE EN 1987 À JEREZ DE LA FRONTERA, EN ANDALOUSIE. CES TROIS ACADÉMIES CONSTITUENT LA MÉMOIRE DE L'ÉQUITATION.

France. Le nom « Cadre Noir », attribué aux officiers de l'école de Saumur avant de désigner l'école elle-même, provient de la couleur de l'uniforme des instructeurs.

“ DES CHEVAUX QUI SE DÉTACHENT DU SOL, QUI SE DRESSENT COMME DES STATUES ÉQUESTRES EN CHAIR ET EN OS, QUI RUENT ET SE CABRENT AVEC ART ET MESURE, QUI DANSENT. TOUT CELA DEMANDE DE LA DISCIPLINE MAIS, À L'ÉPOQUE DE L'ART ÉQUESTRE, L'HOMME ET LE CHEVAL APPRENNENT ENSEMBLE, ET LE PREMIER À DEVOIR S'ADAPTER EST LE SECOND. ”

• Espagne. Le déroulement d'une cabriole est décomposé sur quatre photogrammes : seuls les chevaux possédant des muscles postérieurs parfaitement entraînés peuvent effectuer cet exercice.

France. Dans la phase culminante de la cabriole, le cheval, totalement détaché de terre, rue vigoureusement vers l'arrière.

France. La spectaculaire cabriole fait partie de ce que l'on appelle les « airs relevés », autrement dit les figures dans lesquelles le cheval lève en même temps les quatre membres.

École royale andalouse d'art équestre

Jerez (Espagne)

Espagne. Des instructeurs au travail à la Real Escuela Andaluza del Arte Ecuestre : le fleuron de l'école est le spectacle intitulé « *Como Bailan los Caballos Andaluces* », (« Ainsi dansent les chevaux andalous »), un nom qui ne laisse aucun doute sur l'excellence de l'art qui y est pratiqué.

Le Cadre Noir de Saumur

France

France. La « carrière » des chevaux du Cadre Noir (sur les images : une croupade et une courbette) dure généralement une quinzaine d'années, après quoi les animaux sont vendus à d'autres manèges, à des éleveurs ou des particuliers.

394-395 • France. Une élégante croupade au Cadre Noir de Saumur : sur ordre du cavalier, le cheval « rue » en étendant complètement vers l'arrière ses postérieurs.

396-397 • France. Deux groupes de cinq chevaux exécutent une croupade en séquence.

École espagnole d'équitation de Vienne

Autriche

de 398 à 401 • Autriche. Les magnifiques chevaux très entraînés de l'École espagnole d'équitation de Vienne (*Spanische Reitschule*) sont pour la plupart de race lipizzane.

CHEVAUX EN FÊTE

SENIO SENSI

Espagne. Pendant la feria de Séville, les têtes des chevaux sont parées d'ornements floraux.

INTRODUCTION Chevaux en fête

AUX QUATRE COINS DU MONDE, L'AMOUR DU CHEVAL EST ÉGALEMENT CÉLÉBRÉ PAR DES FÊTES SOMPTUEUSES, DONT IL EST L'ACTEUR PRINCIPAL. CULTURE ET JEU, RECONSTITUTIONS MÉDIÉVALES ET COURSES : CET ANIMAL PROCHE DE L'HOMME PARTICIPE ET HONORE CHAQUE MANIFESTATION DE SON PORT ALTIER ET DE SON ÉNERGIE GÉNÉREUSE. DES JEUX DU CIRQUE ROMAINS, DONT LES VIOLENTES COURSES DE CHARS ET DE QUADRIGES ENTHOUSIASMAIENT UN PEUPLE EN ÉBULLITION, AUX RÉCITS « ROMANTIQUES » DE TOURNOIS MÉDIÉVAUX DONT LES PROTAGONISTES, AUX CÔTÉS DES NOBLES DUELLISTES, ÉTAIENT DES CHEVAUX NON MOINS MAGNIFI-

Italie. Depuis 1644, date à laquelle il fut couru pour la première fois, le Palio de Sienne continue à échauffer les esprits et la célèbre terre de la ville.

QUEMENT PARÉS QUE LEURS CAVALIERS EN ARMURE, DU POLO D'ORIGINE ASIATIQUE, DÉJÀ CONNU EN PERSE AVANT L'AN 1000, AU *PATO*, SORTE DE BASKET À CHEVAL NÉ EN ARGENTINE VERS 1600, LE CHEVAL A ÉTÉ ET CONTINUE D'ÊTRE INDISPENSABLE À DE NOMBREUSES ACTIVITÉS LUDIQUES. À L'ÈRE MODERNE, ON PEUT ENCORE CITER LES CONCOURS D'ÉQUITATION WESTERN, COMME LE *BARREL RACING* OU LE *POLE BENDING* (COMPARABLE À UN « SLALOM ÉQUESTRE »), SANS COMPTER LES CÉLÈBRES RODÉOS, ÉPREUVES TRADITIONNELLES ET DIVERTISSANTES AU COURS DESQUELLES LES COW-BOYS TENTENT DE MONTER DES CHEVAUX SAUVAGES. CEPENDANT, QUAND ON PENSE AUX COW-BOYS D'OUTRE-ATLANTIQUE, ON SE

INTRODUCTION Chevaux en fête

DOIT D'ÉVOQUER LEURS HOMOLOGUES DU VIEUX CONTINENT : DES HABILES *CSIKOS*, LES GARDIENS DE TROUPEAUX HONGROIS QUI EFFECTUENT D'INCROYABLES FIGURES ÉQUESTRES PENDANT LES FOIRES ET SPECTACLES LOCAUX, AUX GARDIANS CAMARGUAIS QUI DÉFILENT CHAQUE ANNÉE À CHEVAL DANS LES RUES D'ARLES À L'OCCASION DE LA FÊTE QUI LEUR EST CONSACRÉE, EN PASSANT PAR LES *BUTTERI* ITALIENS, QUI FONT MONTRE DE LEUR HABILETÉ LORS DE RODÉOS DANS LES FOIRES TRADITIONNELLES COMME CELLE DE LA MERCA, À MONTEROMANO, CONSACRÉE AU MARQUAGE DU BÉTAIL. PUIS, COMMENT NE PAS SE RAPPELER LES COURSES DE CHEVAUX ET LES MATCHS DE POLO, NOTAMMENT LA MA-

INTRODUCTION Chevaux en fête

NIFESTATION HISTORIQUE DE SAINT-MORITZ, ORGANISÉE POUR LA PREMIÈRE FOIS EN 1984 ET RAPIDEMENT SUIVIE DE COMPÉTITIONS ANALOGUES À LECH (AUTRICHE) ET À MEGÈVE, OU ENCORE LES « FANTASIAS » MAROCAINES, DONT LA PLUS IMPORTANTE SE DÉROULE EN L'HONNEUR D'IDRIS IER (LE PÈRE DE LA NATION). À CETTE OCCASION, LE SOIR VENU, UNE CAVALERIE BIGARRÉE SIMULE UN ASSAUT, TIRANT EN L'AIR AVEC DES FUSILS À LONG CANON CISELÉ EN ARGENT. EN ESPAGNE, LES CHEVAUX PRENNENT PART À DES MANIFESTATIONS AUX ORIGINES ANCIENNES. À SÉVILLE, PAR EXEMPLE, PENDANT LA FERIA D'AVRIL, LA VILLE SE REMPLIT DE CHEVAUX RICHEMENT PARÉS ET DE CAVALIERS VÊTUS DE COSTUMES TYPIQUES DE LA FÊTE

ANDALOUSE, AUSSI FIERS LES UNS QUE LES AUTRES. À JEREZ, EN MAI, LA FERIA DU CHEVAL EST L'ÉVÉNEMENT LE PLUS ATTENDU DES PASSIONNÉS ; DU RESTE, LA VILLE ABRITE LA REAL ESCUELA ANDALUZA DEL ARTE ECUESTRE, L'UNE DES ÉCOLES LES PLUS RÉPUTÉES AU MONDE. EN ITALIE, LA « SARTIGLIA » D'ORISTANO, CÉLÈBRE DEPUIS 1543, EST UNE PARADE DE CHEVAUX HARNACHÉS EN COSTUME DE FÊTE ET MONTÉS PAR DES CAVALIERS MASQUÉS ÉVOLUANT SUR LEURS ÉLÉGANTS DESTRIERS. CEPENDANT, L'ACCORD PARFAIT EST SYMBOLISÉ PAR LE PALIO DE SIENNE, TROIS TOURS DE LA PIAZZA DEL CAMPO OÙ C'EST « LUI » ET NON L'HOMME QUI GAGNE. LA MONTURE, EN EFFET, PEUT MENER À LA VICTOIRE UNE CONTRADE DONT LE

Chevaux en fête

Introduction

CAVALIER EST DÉSARÇONNÉ. LE CHEVAL EST BÉNI À L'ÉGLISE AVANT LA COURSE ET, EN CAS DE VICTOIRE, IL OCCUPE LA PLACE D'HONNEUR LORS DES CÉLÉBRATIONS. VEILLÉ NUIT ET JOUR, ON LE DÉTACHE SUR LE TUF DE LA PLACE, OÙ IL FAIT L'OBJET D'UNE VIGILANCE QUE L'ON NE RETROUVE DANS NULLE AUTRE CONTRÉE AU MONDE. ÂGÉ, ON LE MET À LA RETRAITE DANS UN PÂTURAGE ET, À SA MORT, IL N'EST PAS RARE QU'ON LUI RENDE HOMMAGE EN LE GRATIFIANT D'UNE VÉRITABLE TOMBE ET D'UNE NÉCROLOGIE RAPPELANT SES QUALITÉS D'ATHLÈTE. EN SOMME, SI J'ÉTAIS UN CHEVAL, J'AIMERAIS COURIR LE PALIO DE SIENNE ET JE NE SUIS PAS LE SEUL.

- Afghanistan. Une horde de cavaliers tente de s'emparer du cadavre d'une chèvre décapitée : c'est le buskashi, sport national afghan aux origines anciennes.

Feria d'Avril

Séville - Espagne

412 • Espagne. Pendant la Feria de Séville, les costumes de flamenco servent de faire-valoir à la robe luisante des chevaux.

412-413 • Espagne. Hommes et chevaux ne font plus qu'un pour exprimer la fierté andalouse.

Espagne. Le premier jour de la feria, qui débute la semaine suivant Pâques, les participants arrivent en ville à cheval ou dans des carrosses tirés par deux ou quatre chevaux.

de 416 à 419 • Espagne. Pendant la Feria d'Avril, les gestes, les poses et les vêtements d'un passé romantique et toujours proche reprennent vie avec force et spontanéité.

31

29

Feria de Jerez

Jerez de la Frontera - Espagne

420 et 421 • Espagne. Les queues et les crinières des chevaux sont ornées de rubans colorés : les costumes des cavaliers se marient avec la beauté des animaux à la feria de Jerez.

de 422 à 425 • Espagne. La parade des chevaux et des carrosses dans l'arène est un moment crucial de la feria.

Fiesta de San Juan

Minorque - Espagne

Espagne. À la Fiesta de San Juan, les chevaux avancent sans crainte à travers la foule, entre les demeures médiévales et de style musulman de Minorque.

Espagne. Le roi de la Fiesta est le cheval minorquin, très apprécié pour sa facilité de dressage et sa vigueur.

Espagne. Pendant le spectacle, chevaux et cavaliers accomplissent de spectaculaires prouesses au galop.

Luminarias
San Bartolomé de Pinares
Espagne

• Espagne. Pendant le festival des *luminarias* de San Bartolomé de Pinares (province d'Avila), un cavalier affronte les flammes avec son cheval : il purifie symboliquement l'animal.

Espagne. L'impressionnant festival religieux des *luminarias* se déroule au cours de la nuit qui précède la Saint-Antoine, la fête du saint patron des animaux.

Palio de Sienne

Italie

Italie. Pendant le Palio, la nervosité du public, des cavaliers et des chevaux est à son comble.

Italie. Transporté en plein Moyen Âge dans le décor de la Piazza del Campo, un public électrisé suit la course des chevaux. Les nuages de terre ocre qui enveloppent leurs membres en mouvement en renforcent le caractère spectaculaire.

Sartiglia di Oristano

Italie

Italie. La joute de la Sartiglia di Oristano fut instituée en 1543 afin de réglementer les rixes sanglantes qui opposaient les Arborea aux Aragonais.

Italie. Les cavaliers d'Oristano proposent des numéros de funambule comme la « pyramide humaine », le « pont » ou les « cavaliers latéraux debout ».

Oswald von Wolkenstein Ritt

Italie

Italie. La chevauchée (*Ritt*) d'Oswald von Wolkenstein, du nom du célèbre découvreur médiéval qui vécut à cet endroit, consiste en des jeux chevaleresques qui se tiennent chaque année en juin, sur le plateau du Sciliar.

Italie. Sur un parcours préétabli, il faut remporter des jeux et des tournois qui demandent habileté, vitesse et précision.

Cavaliers de la Puszta

Hongrie

de 448 à 451 • Pendant les manifestations équestres qui se déroulent dans la Puszta, les « cow-boys » hongrois, ou *csikos*, effectuent des acrobaties périlleuses et spectaculaires.

Chevauchée des rois

République tchèque

République tchèque. Autrefois répandue dans toute la Moravie, la Chevauchée des rois n'a plus lieu aujourd'hui que dans le village de Vlcnov. Pendant les festivités, qui font partie intégrante des célébrations pascales, la crinière et la robe des chevaux sont ornées de cocardes multicolores.

454-455 • République tchèque. Une profusion de couleurs accompagne le roi, au centre de l'image, escorté par deux cavaliers.

455 • République tchèque. Des demoiselles vêtues de riches costumes traditionnels de Vlcnov participent à la chevauchée.

Fantasia

Maroc

456 et 456-457 • Maroc. La Fantasia simule une vraie charge de cavalerie, symbolisée par des coups de feu tirés en l'air.

458-459 • Maroc. La Fantasia est une occasion de raviver les traditions guerrières et le sentiment d'identité nationale.

Festival de Durbar

Niger

Nigeria. Les célébrations du festival de Durbar débutent à la fin du ramadan. La parade comprend de rapides chevauchées, au cours desquelles les participants brandissent leurs lances et leurs épées.

462-463 • Nigeria. Des visages sombres se confondent avec la robe noire des chevaux, dans un jeu de contrastes avec les couleurs des vêtements.

463 • Nigeria. Les protagonistes du festival de Durbar sont de petits chevaux solides, agiles et dociles, d'origine berbère.

Buskashi

Afghanistan

Afghanistan. Le *buskashi*, sport national afghan, est une lutte à cheval pour s'emparer du corps d'une chèvre décapitée.

Afghanistan. Le *buskashi* n'est pas précisément un jeu collectif : l'objectif est de l'emporter sur tous ses adversaires

Afghanistan. La violence joue un rôle important dans la prise de possession du corps de la chèvre, ou de ce qu'il en reste à la fin de la partie.

Festival de Litang

Chine

de 470 à 473 • Chine.
Chaque année, sur le plateau de Litang (au Tibet), des milliers de personnes se réunissent pour se mesurer lors d'épreuves d'adresse à cheval.

Chine. Les participants au festival de Litang appartiennent à des tribus autrefois guerrières. Cet héritage ne se manifeste aujourd'hui que de manière suggestive.

Omak Stampede

États-Unis

476 • États-Unis. Un cow-boy est mis à l'épreuve lors du lancer du lasso.

476-477 • États-Unis. Un veau est immobilisé au moyen d'une corde pendant l'Omak Stampede, dans l'État de Washington.

Rodéo

États-Unis

478 • États-Unis. Un concurrent du Cowtown Rodeo, dans le New Jersey, se jette sur un taureau pour le mettre à terre.

478-479 • États-Unis. Deux cow-boys à cheval arrêtent un jeune taureau en lui attachant des cordes autour des cornes.

WENDY'S

• États-Unis. Un participant au Buffalo Bill Cody Stampede Fourth of July Rodeo poursuit à cheval un taurillon.

États-Unis.
Un cow-boy peine à contrôler une ruade pendant une compétition de *bronco saddle riding*, épreuve consistant à dompter un poulain (*bronco*) sellé.

RODEO CLUB
NOT RESPONSIBLE FOR ACC
OR THEFT ON These PREM

• États-Unis. Lors d'une épreuve par équipes, deux partenaires tentent de dompter un cheval sauvage.

États-Unis. Rester en selle sur un cheval sauvage est une épreuve de force et d'équilibre à la limite du possible.

Rodéo

Australie

Australie. Dans les arènes, on peut assister à des chutes extrêmement graves, dépassant l'imagination des cow-boys eux-mêmes.

Australie. Les robustes *ringers* sont habitués aux chutes. Il n'en est pas de même pour les chevaux qui participent aux rodéos : il est plus fréquent, en effet, que ce soit eux qui se blessent.

Rodeo de la Semana Criolla

Uruguay

Uruguay. Pendant la semaine créole de Montevideo, des *gauchos* argentins, brésiliens et uruguayens s'affrontent dans différents rodéos.

Uruguay. Des chevaux Criollos et des *gauchos* offrent des spectacles riches en acrobaties.

Valeria Manferto De Fabianis, née à Verceil, en Italie, elle a suivi des études littéraires et obtenu un doctorat en philosophie à l'Université catholique du Sacré Coeur de Milan. Grande voyageuse et passionnée par la nature, elle a participé à la réalisation de documentaires télévisés et de plusieurs reportages pour de prestigieuses revues italiennes ; elle est en outre l'auteur des textes de nombreux ouvrages de photographies. En 1984, elle a créé avec Marcello Bertinetti les Éditions White Star dont elle est directrice éditoriale.

INDEX

Texte de:

Gabriele Boiselle, dotée d'une longue expérience professionnelle, est l'une des photographes de chevaux les plus renommées au monde. Ses œuvres sont régulièrement publiées par les revues les plus prestigieuses du monde hippique. Elle est l'auteur de nombreux livres qui ont rencontré un très large succès auprès du public.

Henry Dallal, originaire d'Iran, est un photographe paysagiste et naturaliste. Ses travaux sont parus dans des publications telles que le *Los Angeles Times*, *Hermes*, *Country Life*, le *Daily Telegraph, Household Cavalry Journal, Climbing*. Parmi ses ouvrages, on mentionnera *Pageantry and Performance* : *The Household Cavalry In A Celebration Of Pictures*, fruit de six années de travail auprès du régiment de cavalerie de la garde royale britannique. Ses œuvres ont été exposées au palais de Kensington, au château de Windsor et à la Royal Geographic Society. Il a eu l'honneur de photographier la reine Élizabeth pour la couverture de *All The Queen's Horses*, à l'occasion du Jubilé de la souveraine. Il a également contribué à la réalisation de *Horse gunners, A Photographic Record of The King's Troop Royal Horse Artillery*.

Attila Korbely, photographe naturaliste, a collaboré aux plus grandes revues de photographie. Ses travaux – plusieurs centaines de pages dans les domaines de la photographie et de la nature – font de lui le photographe naturaliste le plus publié de Hongrie. C'est également un spécialiste de l'écologie et de la géographie. Par ailleurs, il pratique des essais pour la société Canon, il est photographe naturaliste pour l'édition hongroise du *National Geographic* et président de la Nimrod, société hongroise de photographie naturaliste. Il a participé à une douzaine d'expéditions photographiques, au cours desquelles il s'est intéressé tant à des sujets animaliers, comme les cerfs et les bœufs musqués, qu'aux régions les plus menacées du globe, comme le Choco-Darien, les Galápagos et la toundra. Il a séjourné plusieurs semaines dans la Puszta hongroise, à différentes saisons, pour y observer les chevaux Takhi ; dans la réserve naturelle de Pentezug, il a appris à les connaître étroitement en observant leurs amours, leurs combats, leurs souffrances et la rudesse de leur vie.

Paolo Manili est né à Milan en 1949. Journaliste professionnel, spécialiste des chevaux, membre de l'International Alliance of Equestrian Journalists, ancien rédacteur, il collabore à présent à des mensuels spécialisés comme *Cavallo Magazine* et *Lo Sperone*. Depuis une dizaine d'années, il dirige la rubrique équitation du *Quotidiano Nazionale (Il Resto del Carlino, La Nazione, il Giorno)*. Depuis 1976, il suit les principales manifestations équestres à travers le monde. En tant que directeur du service de presse des plus grands concours internationaux de saut d'obstacles, il a couvert certaines épreuves de la Coupe du Monde à Bologne et le Master de Milan. Il a collaboré à des revues comme *Capital, Gente Viaggi, Polo International.* Pendant des années, il a dirigé la collection de guides pratiques publiés par les Edizioni Equestri, et notamment La guida del Cavaliere. Il est l'auteur du livre *Graziano Mancinelli – La leggenda di un cavaliere* (Poligrefici Editoriale).

Senio Sensi est né à Sienne en 1941. Journaliste, il collabore aux grands titres de la presse et à plusieurs émissions de télévision diffusées à Sienne et dans les environs. Il fut durant huit ans gouverneur de la Nobile Contrada dell'Oca (noble quartier de l'oie) et occupe actuellement le poste d'administrateur délégué de l'association pour la Défense du Palio, où il exerce aussi la fonction de délégué à la Communication et à l'Image de cette fête siennoise. Il est cofondateur et directeur de la revue bimestrielle *Il Carroccio di Siena*, qui aborde l'histoire, la culture et l'actualité de la ville et qui fête cette année son vingtième anniversaire.

Medford Taylor est né aux États-Unis, à Conway (Caroline du Nord). Ses trente années de carrière sont le reflet de sa passion pour les chevaux et pour la mer. En tant que photographe indépendant, il a travaillé pour de nombreuses revues internationales, dont *GEO*, *Newsweek, TIME* et *National Geographic.* Il a remporté plusieurs prix, décernés notamment par la Virginia News Photographer Association (association des photographes d'actualités de Virginie) et la White House News Photographer Association (association des photographes d'actualité de la Maison Blanche). Il a participé à des expositions internationales, comme Visa pour l'Image, qui s'est tenu à Perpignan en 1997.

CRÉDITS PHOTOGRAPHIQUES

Page 1 Gabriele Boiselle/Archiv Boiselle
Pages 2-3 David Stoecklein/Corbis/Contrasto
Pages 4-5 Giampiero Sposito/Reuters/Contrasto
Page 7 Tim Davis/Corbis/Contrasto
Page 9 Gabriele Boiselle/Archiv Boiselle
Pages 10-11 Mark Barrett
Pages 12-13 Gabriele Boiselle/Archiv Boiselle
Page 15 Gabriele Boiselle/Archiv Boiselle
Page 19 Mark Barrett
Pages 20-21 Henry Dallal
Pages 22-23 Royalty-Free/Corbis/Contrasto
Page 25 Gabriele Boiselle/Archiv Boiselle
Page 27 Gabriele Boiselle/Archiv Boiselle
Page 33 Gabriele Boiselle/Archiv Boiselle
Page 34 Mark Barrett
Page 35 Mark Barrett
Page 36 Mark Barrett
Page 37 Mark Barrett
Pages 38-39 Mark Barrett
Page 40 Mark Barrett
Page 41 Mark Barrett
Page 42 Mark Barrett
Page 43 Mark Barrett
Page 44 Mark Barrett
Page 45 Gabriele Boiselle/Archiv Boiselle
Pages 46-47 Mark Barrett
Pages 48-49 Galen Rowell/Corbis/Contrasto
Pages 50-51 Gabriele Boiselle/Archiv Boiselle
Pages 52-53 Gabriele Boiselle/Archiv Boiselle
Pages 54-55 Gabriele Boiselle/Archiv Boiselle
Pages 56-57 Gabriele Boiselle/Archiv Boiselle
Pages 58-59 Gabriele Boiselle/Archiv Boiselle
Page 60 Mark Barrett
Page 61 Mark Barrett
Page 62 Mark Barrett
Page 63 Mark Barrett
Pages 64-65 Mark Barrett
Page 65 Mark Barrett
Pages 66-67 Mark Barrett
Pages 68-69 L. Lenz/Blickwinkel
Pages 70-71 Gabriele Boiselle/Archiv Boiselle
Pages 72-73 Gabriele Boiselle/Archiv Boiselle
Pages 74-75 Gabriele Boiselle/Archiv Boiselle
Page 76 Mark Barrett
Page 77 Mark Barrett
Page 78 Mark Barrett
Page 79 Mark Barrett
Page 80 Mark Barrett
Page 81 Mark Barrett
Pages 82-83 Mark Barrett
Page 84 Mark Barrett
Page 85 Mark Barrett
Page 86 gauche et droite Mark Barrett
Page 87 Mark Barrett
Pages 88-89 Gabriele Boiselle/Archiv Boiselle
Page 90 Mark Barrett
Page 91 Mark Barrett
Pages 92-93 Mark Barrett
Pages 94-95 Mark Barrett
Page 95 Mark Barrett
Page 96 Mark Barrett
Page 97 Mark Barrett
Page 99 Gabriele Boiselle/Archiv Boiselle
Page 103 Vincent Munier/Nature Picture Library
Page 107 M. Watson/Ardea
Pages 108-109 Kit Houghton/Corbis/Contrasto
Pages 110-111 Mark Barrett
Page 112 Gabriele Boiselle/Archiv Boiselle
Pages 112-113 Gabriele Boiselle/Archiv Boiselle
Pages 114-115 Gabriele Boiselle/Archiv Boiselle
Pages 116-117 Attila Korbely
Pages 118-119 Galen Rowell/Corbis/Contrasto
Pages 120-121 David Stoecklein/Corbis/Contrasto
Pages 122-123 Mark Barrett
Pages 124-125 Mark Barrett
Pages 126-127 Mark Barrett
Pages 128-129 Jeff Vanuga/Corbis/Contrasto
Pages 130-131 Stuart Westmorland/Corbis/Contrasto
Page 133 Mark Barrett
Page 137 Gabriele Boiselle/Archiv Boiselle
Pages 138-139 H. Kuczka/Blickwinkel
Page 139 Mark Barrett
Pages 140-141 Marion et Hans Kuczka
Pages 142-143 Marielle Andersson/Archiv Boiselle
Pages 144-145 Mark Barrett
Page 146 Mark Barrett
Pages 146-147 Mark Barrett
Page 148 Marion et Hans Kuczka
Page 149 L. Lenz/Blickwinkel
Pages 150-151 Layne Kennedy/Corbis/Contrasto
Page 152 Darrell Gulin/Corbis/Contrasto
Page 153 Darrell Gulin/Corbis/Contrasto
Page 154 Kit Houghton/Corbis/Contrasto
Page 155 Kit Houghton/Corbis/Contrasto
Page 156 Gabriele Boiselle/Archiv Boiselle
Page 157 Marion et Hans Kuczka
Page 158 Mark Barrett

Page 159 Mark Barrett
Pages 160-161 Gabriele Boiselle/Archiv Boiselle
Pages 162-163 Mark Barrett
Page 163 Mark Barrett
Page 164 Mark Barrett
Page 165 Gabriele Boiselle/Archiv Boiselle
Page 166 Mark Barrett
Page 167 Attila Korbely
Page 168 Gabriele Boiselle/Archiv Boiselle
Page 169 Mark Barrett
Page 170 Gabriele Boiselle/Archiv Boiselle
Page 171 Alejandro Diaz Diez/Agefotostock/Marka
Pages 172-173 Mark Barrett
Pages 174-175 Mark Barrett
Page 177 Gabriele Boiselle/Archiv Boiselle
Page 179 Gabriele Boiselle/Archiv Boiselle
Page 183 L. Lenz/Blickwinkel
Page 184 Gabriele Boiselle/Archiv Boiselle
Pages 184-185 Gabriele Boiselle/Archiv Boiselle
Page 186 Danegger/Agefotostock/ Marka
Page 187 Wittek/Agefotostock/Marka
Page 188 L. Lenz/Blickwinkel
Page 189 Marielle Andersson/Archiv Boiselle
Page 268 Soumagne/Agefotostock/ Marka
Page 269 Gabriele Boiselle/Archiv Boiselle
Page 190 Mark Barrett
Pages 190-191 Mark Barrett
Page 192 Ch. Slawik/Edition Boiselle
Page 193 L. Lenz/Blickwinkel
Pages 194-195 Gabriele Boiselle/Archiv Boiselle
Page 195 Gabriele Boiselle/Archiv Boiselle
Page 196 Kit Houghton/Corbis/Contrasto
Page 197 Ch. Slawik/Edition Boiselle
Pages 198-199 Gabriele Boiselle/Archiv Boiselle
Pages 200-201 Gabriele Boiselle/Archiv Boiselle
Page 203 Hugh Beebower/Corbis/ Contrasto
Page 205 Giulio Veggi/Archivio White Star
Page 211 Jim Richardson/Corbis/ Contrasto
Pages 212-213 Royalty-Free/Corbis/ Contrasto
Page 213 David Stoecklein/Corbis/ Contrasto
Pages 214-215 David Stoecklein/Corbis/ Contrasto
Pages 314-315 Jeff Vanuga/Corbis/ Contrasto
Page 218 David Stoecklein/Corbis/ Contrasto
Pages 218-219 Darrell Gulin/Corbis/ Contrasto
Pages 220-221 Paul A. Souders/Corbis/ Contrasto
Pages 222-223 Richard Smith/Corbis/ Contrasto
Page 223 Patrick Bennett/Corbis/Contrasto
Page 224 Corbis/Contrasto
Page 225 Corbis/Contrasto
Pages 226-227 David Stoecklein/Corbis/ Contrasto
Pages 228-229 Gabriele Boiselle/Archiv Boiselle
Pages 230-231 Ron Sanford/Corbis/ Contrasto
Pages 232-233 David Stoecklein/Corbis/ Contrasto
Pages 234-235 David Stoecklein/Corbis/ Contrasto
Pages 236-237 Gabriele Boiselle/Archiv Boiselle
Pages 238-239 Gabriele Boiselle/Archiv Boiselle
Page 239 Gabriele Boiselle/Archiv Boiselle
Pages 240-241 Gabriele Boiselle/Archiv Boiselle
Page 242 Giulio Veggi/Archivio White Star
Page 243 Gabriele Boiselle/Archiv Boiselle
Pages 244-245 Giulio Veggi/Archivio White Star
Page 246 Giulio Veggi/Archivio White Star
Page 247 Giulio Veggi/Archivio White Star
Pages 248-249 Gabriele Boiselle/Archiv Boiselle
Pages 250-251 Gabriele Boiselle/Archiv Boiselle
Pages 252-253 Alain Le Garsmeur/ Corbis/Contrasto
Pages 254-255 Setboun/Corbis/Contrasto
Pages 256-257 Medford Taylor
Pages 258-259 Medford Taylor
Pages 260-261 Medford Taylor
Pages 262-263 Medford Taylor
Page 265 Tiziana et Gianni Baldizzone/ Corbis/Contrasto
Page 269 David Stoecklein/Corbis/ Contrasto
Page 270 David Stoecklein/Corbis/ Contrasto
Page 271 David Stoecklein/Corbis/ Contrasto
Pages 272-273 Tony Arruza/Corbis/ Contrasto
Pages 274-275 L. Lenz/Blickwinkel

CRÉDITS PHOTOGRAPHIQUES

Page 275 L. Lenz/Blickwinkel
Pages 276-277 Mark Barrett
Page 278 Kit Houghton/Corbis/Contrasto
Page 279 Kit Houghton/Corbis/Contrasto
Page 280 Kit Houghton/Corbis/Contrasto
Pages 280-281 Mark Barrett
Pages 282-283 M. Rutkiewicz/Blickwinkel
Page 285 Henry Dallal
Page 291 Eligio Paoni/Contrasto
Pages 292-293 Henry Dallal
Page 293 Henry Dallal
Page 294 Tim Graham/Corbis/Contrasto
Pages 294-295 Jeremy Horner/Corbis/Contrasto
Pages 296-297 Henry Dallal
Page 297 Henry Dallal
Pages 298-299 Eligio Paoni/Contrasto
Page 300 Eligio Paoni/Contrasto
Page 301 Eligio Paoni/Contrasto
Pages 302-303 Marco Pesaresi/Contrasto
Pages 304-305 Mal Langsdon/Reuters/Contrasto
Page 306 Jeff Greenberg/Lonely Planet Images
Pages 306-307 Marka
Page 308 Macduff Everton/Corbis/Contrasto
Pages 308-309 Macduff Everton/Corbis/Contrasto
Page 310 Paul A. Souders/Corbis/Contrasto
Page 311 Richard Cummins/Corbis/Contrasto
Page 312 Richard Hamilton Smith/Corbis/Contrasto
Pages 312-313 Tim Thompson/Corbis/Contrasto
Page 314 Andres Blomqvist/Lonely Planet Images
Pages 314-315 Yann Arthus-Bertrand/Corbis/Contrasto
Pages 316-317 Yann Arthus-Bertrand/Corbis/Contrasto
Page 319 Mark Barrett
Page 321 Jacques Toffi /Archiv Boiselle
Page 325 Gabriele Boiselle/Archiv Boiselle
Page 326 Kit Houghton/Corbis/Contrasto
Page 327 Kit Houghton/Corbis/Contrasto
Pages 328-329 Lorraine O'Sullivan/Inpho
Pages 330-331 Gabriele Boiselle/Archiv Boiselle
Pages 332-333 Allsport/Inpho
Page 334 Gabriele Boiselle/Archiv Boiselle
Pages 334-335 Gabriele Boiselle/Archiv Boiselle
Page 336 Mark Barrett
Pages 336-337 Mark Barrett
Page 338 Toni Anzenberger/Anzenberger/Contrasto
Page 339 Toni Anzenberger/Anzenberger/Contrasto
Pages 340-341 Ralph A. Clevenger/Corbis/Contrasto
Pages 342-343 Mark Barrett
Page 344 Gabriele Boiselle/Archiv Boiselle
Page 345 Marielle Andersson/Archiv Boiselle
Pages 346-347 Gabriele Boiselle/Archiv Boiselle
Page 347 Allsport/Inpho
Pages 348-349 Mark Barrett
Pages 350-351 Jonathan Blair/Corbis/Contrasto
Page 351 Jonathan Blair/Corbis/Contrasto
Pages 352-353 Mark Barrett
Pages 354-355 Pierre Vauthey/Corbis Sygma/Contrasto
Pages 356-357 Kevin Fleaming/Corbis/Contrasto
Pages 358-359 John Walton/Empics/Contrasto
Pages 360-361 Morgan Treacy/Inpho
Pages 362-363 Patrick Bolger/Inpho
Pages 364-365 Ruben Sprich/Reuters/Contrasto
Pages 366-367 Gabriele Boiselle/Archiv Boiselle
Pages 368-369 Skip Dickstein/Corbis/Contrasto
Pages 370-371 Mark Barrett
Page 372 Morgan Treacy/Inpho
Pages 372-373 Jack Atley/Reuters/Contrasto
Pages 374-375 Mark Barrett
Page 377 Benali-Dufour/Gamma/Contrasto
Page 379 Manfred Horvarth/Anzenberger/Contrasto
Page 383 Jacques Toffi/Archiv Boiselle
Page 384 gauche, center et droite Gabriele Boiselle/Archiv Boiselle
Page 385 Gabriele Boiselle/Archiv Boiselle
Pages 386-387 Mark Barrett
Pages 388-389 Mark Barrett
Page 390 J.D. Dallet/Agefotostock/Marka
Pages 390-391 Corbis/Contrasto
Page 392 Gabriele Boiselle/Archiv Boiselle
Page 393 Gabriele Boiselle/Archiv Boiselle
Pages 394-395 Benali-Dufour/Gamma/Contrasto
Pages 396-397 Benali-Dufour/Gamma/Contrasto
Page 398 Manfred Horvarth/Anzenberger/Contrasto
Page 399 Manfred Horvarth/Anzenberger/Contrasto
Pages 400-401 Jerry Cooke/Corbis/Contrasto
Page 403 Gabriele Boiselle/Archiv Boiselle
Page 405 Marcello Bertinetti/Archivio White Star
Page 411 Baci/Corbis/Contrasto

Page 412 Huber/laif/Contrasto
Pages 412-413 Huber/laif/Contrasto
Page 414 Antonio Attini/Archivio White Star
Page 415 Antonio Attini/Archivio White Star
Page 416 Antonio Attini/Archivio White Star
Page 417 Antonio Attini/Archivio White Star
Pages 418-419 Antonio Attini/Archivio White Star
Page 420 Gabriele Boiselle/Archiv Boiselle
Page 421 Gabriele Boiselle/Archiv Boiselle
Pages 422-423 Gabriele Boiselle/Archiv Boiselle
Pages 424-425 Gabriele Boiselle/Archiv Boiselle
Page 426 Dani Cardona/Reuters/Contrasto
Pages 426-427 Bialobrzeski/laif/Contrasto
Pages 428-429 Dani Cardona/Reuters/Contrasto
Page 429 Abbie Enock; Travel Ink/Corbis/Contrasto
Pages 430-431 Huber/laif/Contrasto
Page 431 Huber/laif/Contrasto
Page 432 Desmond Boylan/Reuters/Contrasto
Page 433 Desmond Boylan/Reuters/Contrasto
Pages 434-435 Aguililla & Marin/Agefotostock/Marka
Pages 436-437 Marcello Bertinetti/Archivio White Star
Page 438 Marcello Bertinetti/Archivio White Star
Pages 438-439 Marcello Bertinetti/Archivio White Star
Pages 440-441 Giulio Veggi/Archivio White Star
Page 441 Giulio Veggi/Archivio White Star
Page 442 Giulio Veggi/Archivio White Star
Page 443 Giulio Veggi/Archivio White Star
Page 444 Giulio Veggi/Archivio White Star
Pages 444-445 Giulio Veggi/Archivio White Star
Pages 446-447 Giulio Veggi/Archivio White Star
Pages 447 Giulio Veggi/Archivio White Star
Pages 448-449 Jan Butchofsky-Houser/Corbis/Contrasto
Pages 450-451 Elio Ciol/Corbis/Contrasto
Page 452 Marcello Libra/Archivio White Star
Page 453 Marcello Libra/Archivio White Star
Page 454-455 Marcello Libra/Archivio White Star
Page 455 Marcello Libra/Archivio White Star
Page 456 Robert Holmes/Corbis/Contrasto
Pages 456-457 Craig Aurness/Corbis/Contrasto
Pages 458-459 Bruno Barbey/Magnum Photos/Contrasto
Page 460 Marcello Bertinetti/Archivio White Star
Page 461 Marcello Bertinetti/Archivio White Star
Pages 462-463 Marcello Bertinetti/Archivio White Star
Page 463 Marcello Bertinetti/Archivio White Star
Page 464 Marcello Bertinetti/Archivio White Star
Page 465 Marcello Bertinetti/Archivio White Star
Pages 466-467 Marcello Bertinetti/Archivio White Star
Page 468 Ahmad Masood/Reuters/Contrasto
Pages 468-469 Ahmad Masood/Reuters/Contrasto
Pages 470-471 Bill Wassman/Lonely Planet Images
Pages 472-473 Panorama Stock
Page 474 Bjorn Svensson/Agefotostock/Marka
Pages 474-475 Bjorn Svensson/Agefotostock/Marka
Page 476 Jason Hunt/Corbis/Contrasto
Pages 476-477 Jason Hunt/Corbis/Contrasto
Page 478 Paul A. Souders/Corbis/Contrasto
Pages 478-479 Kevin R. Morris/Corbis/Contrasto
Pages 480-481 Kevin R. Morris/Corbis/Contrasto
Pages 482-483 James L. Amos/Corbis/Contrasto
Pages 484-485 Jason Hunt/Corbis/Contrasto
Page 486 Paul A. Souders/Corbis/Contrasto
Page 487 Paul A. Souders/Corbis/Contrasto
Pages 488-489 David Gray/Reuters/Contrasto
Pages 490-491 David Gray/Reuters/Contrasto
Page 491 David Gray/Reuters/Contrasto
Page 492 Andres Stapff/Reuters/Contrasto
Pages 492-493 Andres Stapff/Reuters/Contrasto
Page 494 Andres Stapff/Reuters/Contrasto
Page 495 Andres Stapff/Reuters/Contrasto
Page 504 Mark Barrett

Couverture • in attensa della copertina.

Quatrième de couverture • in attensa della copertina.

• Allemagne. Une mère prodigue tous les soins et les attentions à son petit. En général, les chevaux sont des créatures extrêmement affectueuses et sensibles, « sympathiques » au sens propre du terme.